教育部人文社科规划基金（15YJA790074）
中国博士后科学基金（2015M572487）资助项目研究成果

工业园产城融合
关键因素及影响机制

许明强　等　著

四川大学出版社
SICHUAN UNIVERSITY PRESS

图书在版编目（CIP）数据

工业园产城融合关键因素及影响机制 / 许明强等著
. -- 成都：四川大学出版社，2025.4
ISBN 978-7-5690-6666-1

Ⅰ．①工… Ⅱ．①许… Ⅲ．①工业园区－区域规划－研究－中国 Ⅳ．①F424

中国国家版本馆CIP数据核字（2024）第029782号

书　　名：工业园产城融合关键因素及影响机制
Gongyeyuan Chan-cheng Ronghe Guanjian Yinsu ji Yingxiang Jizhi
著　　者：许明强　等

选题策划：蒋姗姗
责任编辑：蒋姗姗
责任校对：袁霁野
装帧设计：墨创文化
责任印制：李金兰

出版发行：四川大学出版社有限责任公司
　　　　　地　址：成都市一环路南一段24号（610065）
　　　　　电　话：（028）85408311（发行部）、85400276（总编室）
　　　　　电子邮箱：scupress@vip.163.com
　　　　　网　址：https://press.scu.edu.cn
印前制作：四川胜翔数码印务设计有限公司
印刷装订：四川省平轩印务有限公司

成品尺寸：170 mm×240 mm
印　　张：9.5
字　　数：181千字

版　　次：2025年4月 第1版
印　　次：2025年4月 第1次印刷
定　　价：68.00元

扫码获取数字资源

四川大学出版社
微信公众号

本社图书如有印装质量问题，请联系发行部调换

版权所有 ◆ 侵权必究

序　言

党中央对工业园产城融合问题高度重视，习近平总书记《在中央城镇化工作会议上的讲话》中指出"有的工业园区占了很大的地盘，产出却很低"，《国家中长期经济社会发展战略若干重大问题》强调"要建设一批产城融合、职住平衡、生态宜居、交通便利的郊区新城"。工业园产城融合是工业化和城镇化良性互动的重要标志，工业园产城融合研究有助于推进城市功能区结构、空间布局与工业结构及规模有机耦合，有助于促进经济社会发展规划和国土空间规划的协调统一，有助于推动城市经济社会发展，更高程度满足包括农业转移人口在内的城镇居民实现美好生活的需求。

许明强同志在西南财经大学应用经济学博士后流动站工作期间，以工业园产城融合为选题展开研究，获得了中国博士后科学基金和教育部人文社科规划基金立项资助，出站以后继续携团队深化研究，在工业园产城融合基本认识、现状评价、影响因素、实现路径和政策建议上继续深入研究，获得了一些新的发现和新的成果。

在基本认识上，他认为，产城融合即城市人口、产业和载体的协调均衡和相互支撑，其中人口是产城融合的核心变量和根本目的；产城融合表现为城市人口、生产功能区、服务功能区三者之间协调均衡、布局合理、互相支撑的关系。

在现状评价上，他构建了工业园产城融合评价指标体系，主要从产地融合（生产功能区集约度）和产住融合两个方面展开评价研究，前者的二级指标主要包括工业用地效率和服务业用地效率，后者的二级指标主要包括居住环境协调度和轨道交通配套。通过地理围栏、企业信用信息数据库和开发区年鉴等方式采集到样本工业园的用地结构、企业、就业、投资、空气质量、轨道交通等数据，采用层次分析法确定指标权重，对样本工业园进行了实际评价，并提出

工业园产城融合
关键因素及影响机制

工业园在成长期和成熟期宜分别借鉴成都模式和北京模式推进产城融合工作。

在产住融合与工业园就业者职住关系上,他基于成都经济技术开发区的问卷调查数据开展了实证分析,发现职工在很大程度上根据包括亲邻关系成本和经济成本在内的居住搬迁成本与通勤成本"两害相衡取其轻"的原则选择居住地点,从而形成相应职住关系;随着学历提升和职务晋升,职工愈加重视孩子教育问题和宜居环境,因此高学历、高职务就业者更愿意远离工业园居住,居住平衡率较低。

在产地融合分析上,他通过实证研究发现,地级城市工业用地投资强度对产出率增长的贡献率不高,而且工业用地投资强度的边际贡献逐年递增;城市工业用地就业密度逐步下降是大势所趋,但一些非正常因素也可能影响就业密度的下降,应予以遏制。全要素生产率是推进城市工业用地产出效率提升的首要因素,显示工业经济发展方式呈现了积极的转变,应加强其作用以加速这种转变,在工业用地配置和集约性评价中应高度重视全要素生产率相关指标,并赋予足够高的权重。西部与东部的地均产出差距缩小幅度不及预期,西部工业全要素生产率(TFP)与东部的差距进一步扩大,技术进步、管理改善、人力资本等方面更加落后于东部,缺乏 TFP 支持的资本密集工业发展并不稳定,投资强度在近年出现较大幅度波动,地均产出提升速度不够理想。

在推进工业园产城融合的对策建议上,他提出,一要合理确定工业园板块的功能分区面积比例和空间布局,合理预测包括农村户籍职工在内的人口规模,考虑工业园可能存在的负外部性影响,配置规模适宜的生活功能区,实现生产、生活、生态各功能区结构合理,工业和生产性服务业、生活性服务业、公共服务业融合协调。二要因时因地确定工业用地的产出效率标准,用于指导工业园板块规划、工业用地配置、企业入园、工业用地评价等工作,用于倒逼工业用地投资强度提升和阻止就业密度非正常下降。三要积极推进工业园产业转型升级,健全绿色制造体系,加快提升全要素生产率,降低工业园的负外部性。四要提升工业园板块公共投资节奏的适宜性,改善交通方案助推产城融合。宜尊重长期居住在本市但住地与工作地距离较远的职工因为居住搬迁的亲邻关系成本和经济成本高于通勤成本而形成的职住分离现象,宜设法提升工业园和母城间通勤的便捷性和舒适性。五要增强工业园产业发展规划的科学性,理性确立产业发展目标,有利于遏制各地尤其是中西部工业园区、工业新城建设中出现的盲目铺大摊子行为,有利于解决对产业发展前景过分乐观造成工业用地闲置等问题。

工业园产城融合问题涉及经济学、土地利用学、城市规划学、管理学等多

序 言

学科，其实践探索和持续优化过程将贯穿一个较长的历史时期，相应的理论研究也需要不断持续深化和拓展。许明强同志所做的研究具有重要的理论价值和现实意义，该著作的出版将对中国相关问题的研究起到有力推进作用。希望许明强同志以此成果为起点，进一步深化相关问题研究，继续为工业园产城融合理论研究和实践探索做出贡献。

四川大学　蒋永穆

2023 年 7 月 2 日

目 录

1 导言 ……………………………………………………………（1）
　1.1 研究背景与意义 …………………………………………（1）
　1.2 研究思路与框架 …………………………………………（2）
　1.3 产城融合的理论基础——区位论、"两化"互动、新城市主义和
　　　精明增长理论 ……………………………………………（3）
　1.4 工业园产城融合研究综述 ………………………………（7）

2 工业园产城融合的内涵与外延 ……………………………（18）
　2.1 当前工业园产城融合推进工作中的认识误区 …………（18）
　2.2 工业园从产城分离到产城融合的发展历程 ……………（21）
　2.3 工业园产城融合的基本认识 ……………………………（26）

3 工业园产城融合评价 ………………………………………（33）
　3.1 工业园产城融合评价指标体系 …………………………（33）
　3.2 工业园产城融合数据 ……………………………………（40）
　3.3 工业园产城融合评价过程与结果 ………………………（55）
　3.4 工业园产城融合评价的启示：由成都模式到北京模式 …（61）

4 产住融合的影响因素和机制：工业园就业者职住关系分析 ……（66）
　4.1 产住融合与职住平衡的界定 ……………………………（66）
　4.2 职住关系研究文献回顾 …………………………………（68）
　4.3 模型构建 …………………………………………………（69）

  4.4 数据来源及描述：成都经开区员工职住关系及其可能的成因 …（70）
  4.5 回归分析………………………………………………………（76）
  4.6 本章小结………………………………………………………（82）

5 产地融合的影响因素和机制：工业用地效率分析 ………………（84）
  5.1 文献回顾………………………………………………………（84）
  5.2 模型……………………………………………………………（86）
  5.3 数据与描述性统计……………………………………………（88）
  5.4 参数估计、模型检验…………………………………………（90）
  5.5 投资强度、就业密度、TFP对地级城市工业用地产出率的贡献
     及区域比较……………………………………………………（94）
  5.6 四川与西部工业园产城融合分析……………………………（97）
  5.7 产地融合不足的主要原因：规划缺陷和工业负外部性……（106）
  5.8 本章小结………………………………………………………（109）

6 工业园产城融合实现路径 …………………………………………（112）
  6.1 工业园板块的生活功能区配置………………………………（113）
  6.2 确立工业用地配置的基本产出效率标准……………………（114）
  6.3 合理确定工业园板块的工业生产功能区和生产性服务功能区面积
     比例……………………………………………………………（116）
  6.4 增强工业园区产业发展规划的科学性………………………（122）
  6.5 积极推动绿色制造和产业转型升级…………………………（123）
  6.6 合理控制公共投资的节奏……………………………………（124）

7 研究结论和政策建议 ………………………………………………（125）
  7.1 关于工业园产住融合影响因素和机制的研究结论…………（125）
  7.2 关于工业园产地融合影响因素和机制的研究结论…………（126）
  7.3 关于推进工业园产城融合的对策建议………………………（127）

参考文献 ………………………………………………………………………（130）

后 记 ………………………………………………………………………（140）

1 导言

1.1 研究背景与意义

产城融合是2010年前后由地方政府和学界提出的一个新的命题。作为城市新区的重要部分，工业园工作岗位密集，但产城融合度低，大多配套功能单一，居住与就业人口错位明显，职住失衡问题突出，对城市交通拥堵和空气污染影响较大。如何抑制工业粗放用地现象以提升城市工业用地产出率，是中国城镇化和工业化进程中面临的重要问题。习近平总书记曾鲜明地批评了工业园区铺大摊子和城镇土地低效利用问题，即便在中国工业化先行区上海和厦门等地，工业用地产出率亦偏低。

产城融合是"工业化和城镇化良性互动"的重要标志，对于城市经济发展和城镇居民美好生活的满足具有十分重要的意义。它有利于推动农业转移人口市民化并平等享受公共服务，推进以人为核心的城镇化；有利于推动提高城镇土地利用效率、推动产业结构转型、提高产业发展和集聚人口能力。杨思莹、李政等（2019）发现当产城融合度较低时，产业结构高级化、产业集聚与城市面积扩张均显著抑制了城市创新水平提升；而当产城融合度达到一定水平时，三者对城市创新水平的促进作用逐渐凸显；并且随着产城融合程度的提升，产业集聚、城市面积扩张以及城市人口扩张对城市创新水平的促进作用也在逐渐增强。张建清、白洁等（2017）发现产业平衡和职住平衡有利于提升高新区的创新绩效。丛海彬、段巍等（2017）发现产城融合具有门槛效应，即在产城融合水平达到一定的阈值时，偏向产业的土地政策才能提升本地的产业集聚效率；旨在优化区位条件的"先城后产"路径相较于"先产后城"路径更有利于城镇居民福祉的提升。

产城融合研究有助于建立城市功能区结构、规模和空间布局随工业结构和经济规模变动的产城融合规划原则，有利于促进经济社会发展规划和国土空间规划的协调与融合，从而避免工业园员工"钟摆式"生活催生"堵城""卧城"和"孤岛"，又避免重犯过去"千层糕"式的错误，有助于推动新型工业化和新型城镇化协调互动发展。研究工业园产城融合问题，有助于"统筹生产区……生活区、商业区等功能区规划建设，推进功能混合和产城融合"[①]，有助于工业主导型园区向产城融合型园区转变，有助于推进以人为核心的城镇化。产城融合探讨产业、城市和人口的融合问题，其中产业首先指工业，所以产城融合研究有助于丰富工业化和城市化"两化"互动理论。产城融合研究有助于揭示产城融合对公共投资结构和规模的要求和原则，利于城市设施建设投资科学开展。

在实践上，产城融合研究可能形成的关于工业园规划原则、园区第三产业发展、城镇土地利用和公共设施投资等方面的研究成果，可供工业主管、城乡规划、交通管理、土地管理、商务、城乡建设等政府部门用于决策参考，具有显著的现实意义。

1.2　研究思路与框架

本课题从现实问题出发，回顾研究文献，在基础理论指导下厘清产城融合的基本认识，构建起产城融合的一般评价指标体系，进而明确工业园产城融合研究的重点问题——产住融合[②]与产地融合[③]，然后以一章的篇幅专门讨论产住融合问题，以一章的篇幅专门讨论产地融合问题，之后讨论产城融合的实现路径，最后得出结论并提出对策建议。

全书研究框架参见图1-1。

[①] 参见《国家新型城镇化规划》第十五章第二节。
[②] 以工业园就业者职住关系为核心问题。
[③] 即工业与其载体——工业用地的融合度，集中于工业用地产出率变量研究。

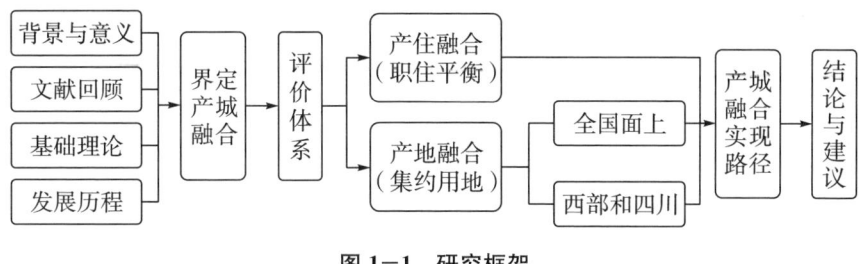

图 1-1　研究框架

1.3 产城融合的理论基础——区位论、"两化"互动、新城市主义和精明增长理论

产城融合的理论基础首先在于工业化和城镇化互动协调发展理论。区位论、二元经济理论从不同侧面反映了工业化和城市化之间的互动关系，中国经过对"两化"互动关系的探索，已取得比较成熟的理论成果。20世纪90年代以来，针对"城市蔓延"（Urban sprawl）问题兴起了新城市主义和"精明增长"理论，其中部分内容也为产城融合提供了理论支撑。

1.3.1 区位理论

区位理论是研究经济活动空间组织的重要理论。它基于空间中的点、线、面等几何要素，关注经济行为场所选择，探讨人类生产、交换、流通、消费在空间中的位置布局，试图通过合理的区位选择以促进利润最大化。区位理论的一个研究重心在于厂商区位选址问题，同时揭示了厂商空间集聚与城镇发展互动影响。

区位理论的奠基人为杜能（Thünen），他在1826年出版的《孤立国同农业和国民经济的关系》中提出了农业区位理论。阿尔弗雷德·韦伯（Alfred Weber）在1909年《工业区位论》中最早提出了区位因子概念，用以概括经济活动选择在某个特定地点进行而非其他地点所能节约的费用，这种节约带来的利益就是区位因子。韦伯对区位因子进行了分类，包括一般区位因子和特殊区位因子，集聚、分散区位因子和地域区位因子，社会文化的区位因子与自然技术的区位因子。他认为生产或技术集聚可以产生集聚经济效益，内在机制在于这种集聚扩大了生产规模，或者使得企业间的协作得以加强。同时，社会集聚也可以带来经济效益，因为社会集聚将使得集聚群体的某种需求呈现规模效应，比如面向集聚群体集中布局公用设施。他把在某区位的集聚分为三种类

工业园产城融合
关键因素及影响机制

型——地方性集聚、城市性经济、中心区工业。地方性集聚指同类生产组织在一个有限地区组成的整体；城市性经济指城市形成之后，企业因为集聚于城市实现成本节约而产生的利益；中心区工业指高度集中于某一区域的工业整体。中心区工业实际上就是人们后来所称的工业园。在某一个区域集聚会带来利益，而企业在不同的集聚区选址也可能使得其成本节约程度不同。影响区位的因素包括普通因素和特殊因素，前者包括地价、厂房等固定资本，原材料成本，动力燃料成本，运输成本，工资成本，利息和固定资产折旧等七个因素，其中运输成本和劳动力成本是最为主要的影响因素，普通因素对某一区位的企业具有普遍影响；特殊因素包括特定湿度的空气、特定纯度的水源等，它只是对部分企业产生影响。韦伯的工业区位论影响深远，但他把政策、政治制度、民族等称为实际因素，并认为它们在区位选择中不起作用，存在一定的理论缺陷。

俄林（Ohlin，1933）提出一般区位理论，用生产要素在各地区间重新配置、均衡关系变动解释工业区位的移动。通过放宽韦伯模型中一系列严格的假设，经济学家们极大地拓展了韦伯的工业区位理论。穆斯（Moses，1958）研究了要素的替代效应对厂商区位选择的影响；阿朗索（Alonso，1967）研究了多个市场有限弹性的需求；哈基米（Hakimi，1964）考察了运输网络内的选址问题；埃斯瓦兰（Eswaran，1981）等学者利用一般性的生产函数和二元理论研究了区位配置问题。沿着另外一个方向，桑德姆（Sandmo，1971）、利兰（Leland，1972）、马伊（Mai，1981）、马丁尼奇和胡尔特（Martinich & Hurter，1982）、卡茨（Katz，1984）等经济学家研究了需求、产品价格、运输费率等不确定因素对厂商区位选择的影响。

德国经济学家克里斯塔勒（Christaller，1933）和勒施（Lösch，1940）在区位理论研究上开辟了中心地分析传统。克里斯塔勒通过深入翔实地研究德国几大城市发展特征，在《德国南部的中心地原理》中提出了中心地理论（Central place theory），解释了从村庄到大城市之间的不同区位等级形成的原因，并解释了不同中观地域中的等级制度为何不同，它"有效地说明了城镇为什么存在，是什么决定了它们的发展，以及它们在地区和国家里的次序是如何排列、如何产生的一种理论"[1]，中心地理论成为城市经济学的开创性理论。

勒施在1939年发表了《经济空间秩序》，发展了中心地理论。和韦伯不

---

[1] 参见约翰·伊特韦尔等编：《新帕尔格雷夫经济学大辞典（中译本）》，经济科学出版社1996年版，第421页。

同，他认为单纯追求最低运输成本是不妥当的，厂商选择应着眼于利润，而利润和产品销售范围是密切相关的。他还提出了被广泛使用的蜂窝状六边形市场区。简言之，勒施认为利润与市场是区位选择的重要因素。

上述区位理论都没有重视政府政策的作用，后来的政府行为学派则弥补了这一缺憾。这一学派的代表作包括英国经济学家登尼森（Dennison）于1937年发表的《工业区位理论》和《工业区位的政府统制》、美国经济学家埃德加·胡佛（Edgar Hoover）1937年出版的《区域经济学导论》。他们认为，除了交通条件、水源条件、矿产资源、生物质材料、渔业和盐业等自然资源因素影响市场或人口集中区位的选择，军事和政治等非经济原因也是影响人口和产业区位选择的重要因素。因此他们提出要通过制定区域经济政策以促进区域经济发展。

1.3.2 二元经济理论

二元经济理论侧重从农业劳动力转移角度反映工业化与城镇化之间的关系。

刘易斯（Lewis，1954）认为，不发达经济体系内存在二元经济结构——拥有资本和先进生产力的现代城市部门（Urban sector）、仅能维持生计的庞大落后的传统农业部门（Rural sector），农村剩余劳动力受到城市工业的固定工资水平吸引，随着城市工业生产规模的扩张而不断涌入城市。

拉尼斯和费景汉（Rains & Fei，1961）发展了刘易斯模型，强调了农业产品剩余对农业劳动力向城市部门流动的影响，将农村劳动力转移过程划分为三个阶段。他们认为，在全部农业剩余劳动力基本上都被城市部门容纳时，如果城市部门要继续扩大生产，就必须提高最低工资，以此吸引农业部门劳动力向城市流动。

托达罗（Todaro，1970）认为预期在农业劳动力向城镇流动的决策中起到关键作用，当农业剩余劳动力预期转移收入高于城乡实际收入差距时，即便此时城市已经存在较重的失业现象，他们也将流向城市。

1.3.3 "两化"互动理论

早在1945年，毛泽东在《论联合政府》中就论述了工业化和城镇化互动发展的问题，他指出："如果中国需要建设强大的民族工业，建设很多的近代化的大城市，就要有一个变农村人口为城市人口的长过程。"新中国成立后，毛泽东提出了将消费城市转变为生产城市的思想[①]。邓小平对工业化和城镇化协调发展理论也做出了重要贡献，指出工业化和城镇化的动力在于改革，评判标准在于"三个有利于"[②]。

学术界在工业化和城镇化互动发展上取得了丰富的成果。比如，刘增录（1985）、崔功豪（1989）等学者认为，工业化必然带来城市化。"若干经济较发达地区城市化道路"课题组（1983）将乡村工业化、外资经济作为中国城市化的重要动力。辜胜阻（2000）提出城市化的根本动力在于产业结构的转换。刘奇葆（2012）全面阐述了"两化互动"、统筹城乡总体战略的科学内涵。

目前，"两化"互动理论得到了国家层面的高度重视，党的十八大报告要求推进"工业化和城镇化良性互动"。《国家新型城镇化规划（2014—2020）》、李克强（2013）强调了"四化"同步。党的十九大要求"推动新型工业化、信息化、城镇化、农业现代化同步发展"，指出工业化处于主导地位，是发展的动力，工业化同时承载着"着力加快建设实体经济、科技创新、现代金融、人力资源协同发展的产业体系"的使命[③]；城镇化是载体和平台，承载工业化和信息化发展空间。

1.3.4 新城市主义和"精明增长"理论

新城市主义和"精明增长"理论中关于城市功能混合、土地集约节约利用、重视公共交通等诸多内容对产城融合形成了支撑。

新城市主义思想起源于20世纪80年代，新城市主义在城市规划建设界和学术界又被称为"新都市主义"（New Urbanism）。由于第二次世界大战后美国郊区无序蔓延带来突出的城市问题，彼得·卡尔索普（Peter Calthorpe，后来为新城市主义的核心人物）等城市规划学家在20世纪90年代初提出一套新的城市规划及设计理论，发展成为新城市主义。新城市主义者主张重新继承第二次世界大战之前美国小城镇和城市规划的优秀传统，着力营造城镇生活氛围浓厚、紧凑而富有活力的社区，将郊区蔓延发展模式实现根本转变。新城市主义信奉者们于1993年在美国亚历山德里亚召开了第一届新城市主义大会，象征着新城市主义运动正式确立，标志着新城市主义理论的成熟。1996年，《新

[①] 参见毛泽东《在中国共产党第七届中央委员会第二次全体会议上的报告》。

[②] 彭波、郑德荣：《中国式工业化道路的探索与中国道路的开辟——邓小平对改革开放与前30年关系的深刻揭示》，载《东北师大学报（哲学社会科学版）》2016年第1期，第201—205页。

[③] 参见习近平代表第十八届中央委员会于2017年10月18日在中国共产党第十九次全国代表大会上向大会作的报告《决胜全面建成小康社会 夺取新时代中国特色社会主义伟大胜利》。

城市主义宪章》获得通过。该宪章主张大都市、城市和镇都要明确划出边界，城市宜在边界中填充发展；主张区域规划要为居民提供多种便捷的交通方式，提供价格可承受的住房；主张修补、填充、整合松散破碎的现有郊区。

美国规划协会在2000年与60家公共团体联合组成了"美国精明增长联盟"（Smart Growth America），商议确定精明增长的关键要点在于：①控制城市盲目扩张，挖掘用足城市存量空间；②重建现有社区，重振社区文化，注重重新开发利用废弃、污染的工业用地，尽可能节约基础设施和公共服务成本；③城市建设以集中为导向，发挥混合用地功能，营造紧凑空间，倡导步行和使用公共交通工具，保护开放空间并创造宜人的舒适环境，采取鼓励或限制或保护多种措施，力争实现经济社会和环境协调发展。

精明增长有着自己的明确的核心目标——控制城市蔓延，分解开来主要包括四个方面的具体目标：①节约用地，保护农业用地；②珍惜并保护环境，既保护社会人文环境，又保护自然生态环境；③通过城市规划为建设繁荣的城市经济贡献力量；④归根结底要在保护环境、节约土地、控制城市蔓延的同时实现城乡居民生活质量提升，通过编制城市精明增长计划并严格实施，促进经济社会和环境可持续发展。2003年，美国规划师协会丹佛会议再次集中阐述了精明增长理论，其中包括三个核心要素：第一，保护城市周边的农村土地；第二，鼓励城市更新和嵌入式开发；第三，减少对小汽车的依赖，倡导公共交通。

产城融合是针对"孤岛"和"空城"提出的，它是"工业化和城镇化良性互动"[①]的重要实现路径，近年对其研究较多。对产城融合的现状研究成果，以下从它的提出、界定、评价、实现历程、内容、问题根源和实现路径等方面分类介绍。

1.4 工业园产城融合研究综述

1.4.1 关于产城融合的提出、界定、影响及评价体系的研究进展

1.4.1.1 产城融合命题的提出

概括而言，学者们主要认为产城融合是近几年针对中国工业园和城市新区

---

① 参见十八大报告《坚定不移沿着中国特色社会主义道路前进 为全面建成小康社会而奋斗》。

建设中出现的"空城""睡城""半城镇化"等问题而提出的，不过各有侧重。比如，刘畅和李新阳（2012）、孔翔和杨帆（2013）认为其提出背景主要是开发区产业功能与城市功能分离，生产服务与生活服务设施缺乏；罗守贵（2014）认为主要针对没有产业支撑的座座新城；中国社会科学院工业经济研究所（2014）则补充了"半城镇化"这个背景。

产城融合概念得到了中央的肯定，《中共中央关于全面深化改革若干重大问题的决定》采用了"产业和城镇融合发展"的提法，《国家新城城镇化规划（2014—2020）》则正式使用了"产城融合"的提法。

1.4.1.2 产城融合的含义

在适用对象或范围上，刘畅、李新阳（2012）针对城市新区定义产城融合，认为产城融合的核心内涵为功能复合、配套完善和空间融合三个方面。功能指产业、居住、商业、商务、娱乐、游憩等功能，配套指公共服务设施配套，空间融合指发展综合功能区。李文彬、陈浩（2012）针对产业园区定义产城融合，认为产城融合的发展就是将产业园区和城镇社区融为一体，推动经济发展主体从单一的生产型园区向生产、服务、消费的多元化发展，从而促进创新型产业的发展和提升城市活力。卢为民（2013）从工业区与城镇的内外关系定义产城融合：一是"外部融合"，即工业区与新城、新市镇等实现联动发展；二是"内部融合"，即实现工业区内部"居住、工作、生活"等功能的融合[①]。

除了微观视角，罗守贵（2014）考虑了产城融合的宏观尺度和中观尺度，并认为"产"包括二、三产业，主张从三个层面观察产城融合：第一层次是全国尺度的产城融合，统一考虑全国性的产业布局和城市规划；第二层次是都市圈或者城市体系尺度的产城融合，形成中心城市、次中心城市、一般城市之间匹配良好的区域性产业体系；第三层次是单体城市尺度的产城融合。

对产城融合的界定离不开对其内在机制、适用范围或对象等内容的理解，在内在机理上，谢呈阳、胡汉辉等（2016）认为产城融合是"产""人""城"三者的融合；丛海彬、段巍（2017）认为产城融合反映"城"对"产"的包容程度，以及"产"对"城"的促进作用；吕慧芬、刘珊珊等（2016）认为产城融合应是"产、城、人、境"的多元融合，不同地区应有不同的产城融合状态。

近几年的研究存在过度拔高对产城融合的理解、将产城融合适用范围扩大

---

① 参见许明强、魏伟：《产城融合研究综述——以一个新界定为框架》，载《中国房地产》2016年12期。

的态势。比如，罗守贵（2014）提出全国尺度的产城融合、都市圈或者城市体系尺度的产城融合；张沛、段瀚等（2016）认为产城融合的核心内涵是以新型工业化的发展方式推动三次产业之间的融合，突破园区边界联动中小城镇与美丽乡村，形成生态、生产、生活效率一体的城乡融合空间；陈运平、黄小勇（2016）将产城融合的外延扩展到泛县域经济，构建泛县域生态共生园区；丛海彬、段巍（2017）认为产城融合由产业、城镇、人、土地、就业、居住等实体要素和思想、观念、政策理念、制度、社会环境等非实体要素构成。

1.4.1.3 关于产城融合的影响和意义

关于产城融合对经济社会发展的影响和意义，习近平总书记给予了高度肯定，提出"要建设一批产城融合、职住平衡、生态宜居、交通便利的郊区新城，推动多中心、郊区化发展，有序推动数字城市建设，提高智能管理能力，逐步解决中心城区人口和功能过密问题"[①]。

关于产城融合的影响和意义，学界主要关注了它对于产业结构、区域创新、低碳减排和人口变迁的推动作用。比如杨思莹、李政等（2019）认为当产城融合度较低时，产业结构高级化、产业集聚与城市面积扩张均显著抑制了城市创新水平提升；而当产城融合度达到一定水平时，三者对城市创新水平的促进作用逐渐凸显；并且随着产城融合程度的提升，产业集聚、城市面积扩张以及城市人口扩张对城市创新水平的促进作用也在逐渐增强。刘诗源、向海凌等（2022）发现产城融合度的提高能够显著推动区域创新发展，包括从"人本导向""产业变迁"及"功能匹配"三条路径影响区域创新水平。黄小勇、李怡（2020）认为城市产城融合水平会对城市绿色创新效率产生显著的正向关系，对一线城市绿色创新效率的影响更加显著。万伦来、左悦（2020）认为中国产城融合对碳排放的影响作用呈倒 U 形特征。Federico Benassi、Luca Salvati（2020）认为工业化曾经促进城市人口显著增长，而城市群在当代欧洲城市人口去中心化分布的多尺度机制中扮演着重要角色。

1.4.1.4 关于产城融合的评价体系

产城融合评价是产城融合研究的重要内容，诸多学者从不同纬度，采用不同方法，对中国部分区域进行了产城融合评价，做出了一些评价结论。比如，唐晓宏（2014）从产业发展、人口融合、空间融合和城市功能四个维度构建了

---

① 习近平：《国家中长期经济社会发展战略若干重大问题》，载《求是》2020 年第 21 期，第 4—10 页。

开发区产城融合的评价指标体系，并结合问卷调查和灰度关联分析方法对上海5个代表性开发区进行了实证分析。王霞、王岩红等（2014）用高新区工业化发展指标、城镇化发展指标和产城融合分离系数指标3个一级指标、18个二级指标和77个三级指标构造了高新区产城融合度评价的框架体系。国土资源部《开发区土地集约利用评价规程（2014年度试行）》提出了产城融合型工业园的土地集约利用评价标准。黄桦、张文霞等（2018）利用层次分析法和专家打分法构建产城融合度评价指标体系。贾晶、白蹦蹦等（2019）从产业发展、城市功能、居民需求、资源配置4个方面选择16个具体指标构建指标体系，采用主成分分析和熵值法相结合的方法进行评价。关于产城融合发展状况评价，邹德玲、丛海彬（2019）认为当前中国产城融合发展的整体水平不高，主要处于颉颃阶段，绝大多数省市的产城协调仍处于发展调和阶段；从产城融合的空间分布变化来看，东高西低的整体特征十分显著。

一些学者构建了工业园的评价指标体系，产城融合指标是其重要部分。陈家祥（2006）认为中国国家高新区的现实功能与预设功能存在较大的异化偏离，并从研发投入强度、孵化能力、创新效率等视角构建了评价指标体系。黄鲁成、张淑谦等（2007）从生态学的角度提出了高新区的健康评价新概念。李海龙、于立（2011）构建了一个生态城市评价的指标体系，维度较为全面，包括资源、环境、经济、社会和创新等，体现了城市中产业发展与生态环境之间的互动关系。解佳龙、胡树华等（2013）建立了以载体支撑力、自主创新力、国际竞争力和集聚辐射力为维度的"四力"评价模型。

学者们对产城融合评价指标体系的构建方式既有共性，也有突出的个性，而有的做法值得斟酌。比如，有的学者选取的指标达到50个左右，不同指标词难免存在重复交叉之处，容易不当增加个别指标的权重，而且增加了数据获取困难，降低了评价可行性。又如，评价应该针对产城融合发展的直接结果与表现，但有的学者在选取指标时较多选择了它的影响因素，一个突出的例子是以土地利用和城市规划评价产城融合的实际发展水平；同时，有的学者选择了与产城融合关系不够直接的指标予以衡量，比如GDP及其增速。在指标权重确立上，有的学者采用了主成分法，但这种方法争议较大，它既难以提供明确的经济解释，也无法减轻指标之间的多重共线性问题。有的学者采用熵值法确定各指标的权重，其本质是对观察值离散性更强的指标赋予更高的权重。其实，在一般的评价过程中，变异度更高的指标本身就在评价区分中发挥了更大的作用，赋予其更高的权重只是呈现一种马太效应——对评价得分影响大的指标被加倍扩大其影响，反之则反。这种做法其实缺乏经济意义和现实意义。一个可能更有价值的做法是，对更加体现新发展理念，更能满足高质量发展要求，更能满足人们美好生活需要的指标赋予更高权重，当然，这有待于进一步深化研究使其具备可操作性。

1.4.2 关于产城融合演变过程和规律的研究进展

顾朝林、柴彦威等（1999）在研究开发区空间规律过程中揭示了城市边缘土地利用性质变化过程的规律：近郊农业用地—菜地—工业用地—居住用地充填—商业服务设施用地配套。这个规律从一个侧面反映了产城融合的演变。王志美、李京文（2007）着重分析了技术革命对工业区与其他城市功能区空间关系的演变。第一次工业革命后，形成工业区与居住区相分离的格局；第二次工业革命后，城市功能由分区转变为综合；第三次技术革命则促进了土地功能的兼容与城市功能的空间整合。丛海彬、邹德玲（2017）等实证研究发现中国现阶段不同区域产城融合发展并不均衡，存在显著的空间分异，产城融合度较高的地区主要集中在东部，达到有效融合状态的城市极少，而且产城融合度总体处于较低水平。

王慧（2003）将开发区的发展阶段划分为4个阶段：起步期、成长期、转型期、成熟期。随着阶段推进，其功能和区域关系也逐步演化：从"空投式"发展和"孤岛"状态，到城市功能辐射周边；从追求工业增长，到追求多元增长；从依赖外部要素，到依赖创新增强与内生增长。陈鸿、刘辉等（2014）依据产业用地和城镇建设用地的扩张、居住用地与工业及服务业用地的混合程度，将园城关系划分为3个阶段：产业和城市关系松散阶段；产业支撑城镇发展阶段；城镇为产业发展服务，产业区、生活区、生产生活服务区空间功能复合，配套完善、空间融合的"产—城"一体化发展阶段。王霞、王岩红等（2014）将高新区与新城空间演化过程分为4个阶段：独立工业园区阶段、开发区+卧城阶段、产业住区+半独立卫星城阶段、生态高新区兼城市副中心阶段。

1.4.3 关于产城融合内容的研究进展

1.4.3.1 工业发展对城市载体的支撑

城市载体（设施和土地）缺乏工业支撑，土地低效利用等问题受到了学界和政界的批评。习近平总书记指出，有的工业园区占了很大的地盘，产出却很低；中国城镇工矿建设用地中，处于低效利用状态的有五千平方公里，并强调需要警惕"鬼城""空城"的出现，防止产业空心化，还指出"精明增长"理念值得研究借鉴[①]。李克强也指出了"土地城镇化"快于"人口城镇化"、城市用地结构不合理、工业园区占地过大等问题[②]。魏后凯（2014）提到有的产业园区规划面积超过了100平方公里，园区建设存在盲目性和无序性[③]。王小文（2014）也揭示了这个问题[④]。国土资源部（2012）指出中国341个国家级和1200多个省级开发区的工业用地平均产出强度为12 984.94万元/公顷，约相当于20亿美元/平方公里，相当于发达国家的1/5左右[⑤]。孔翔、杨帆（2013）认为需要警惕东部开发区产业向外转移而形成的"空城"。

针对产业空心化及相应的土地低效利用问题，习近平总书记认为要根据城市资源禀赋，培育发展各具特色的城市产业体系，在中西部和东北有条件的地区要积极推进新型工业化。[⑥]

1.4.3.2 城市生产服务功能对工业企业的支撑

有学者指出工业园物流、市场及信息、研发、检测平台等生产性服务功能不足。比如柴彦威、曲华林等（2008）认为开发区面临产业结构不完善、设施配套跟不上、功能严重欠缺的问题，极大地制约了投资环境的建设，影响了对母城区经济的带动和优化功能。

学者们提出需要加强开发区的生产性服务功能。罗德瑰－剖斯和哈迪（Rodríguez-Pose & Hardy，2014）考察了东亚、中东、非洲和拉丁美洲的工业园，认为成功的案例都离不开大学知识、人力资源培训、商业、金融和网络等因素的支持。郭克莎和周叔莲等（2002）、于涛方和顾朝林等（2006）认为应以加快服务业发展和就业结构升级作为工业化与城市化协调发展的中心内容。厉无畏、王振（2004）提出，没有商贸、金融、文化事业的相应发展，工业园的经济很难繁荣，并将制约第二产业的更大发展。林汉川（1995）、陈粟（2006）强调培育孵化器和高新区的生活、商业、商务服务功能。

---

① 习近平：《在中央城镇化工作会议上的讲话》，载中共中央文献研究室编：《十八大以来重要文献选编（上）》，中央文献出版社2014年版，第589～607页。

② 李克强：《凝聚共识、形成合力 推进城镇化更稳更好发展》，载中共中央文献研究室编：《十八大以来重要文献选编（上）》，中央文献出版社2014年版，第608～622页。

③ 魏后凯：《走中国特色的新型城镇化道路》，社会科学文献出版社2014年版，第18页。

④ 王小文：《国家新型城镇化规划（2014—2020）解读》，载王丽：《国家新型城镇化规划解读及地方实践探索》，中国建材工业出版社2014年版，第11页。

⑤ 国土资源部《国家级开发区土地集约利用评价情况（2012年度）对341个国家级开发区的土地集约利用评价工作（2012年度）》的报告。

⑥ 习近平：《在中央城镇化工作会议上的讲话》，载中共中央文献研究室编：《十八大以来重要文献选编（上）》，中央文献出版社2014年版，第589～607页。

黄杉、张越、华晨等（2012）提出了工业园分阶段发展服务功能的观点，认为工业园前期要重视对蓝领工人的基础教育、职业技能培训，增添职业中介、法律保障等软性公共服务；中期以公共服务设施类型多样化为目标；远期以构建高品质的公共服务体系为目标，转向满足高端生活和生产性服务业。

有的学者强调了文化功能对工业园的重要性。阿什海姆（2003）、张召堂（2003）认为文化建设对产业区是重要的。刘易斯和莫兰（Lewis & Moran，2002）等认为本地化的网络与社会关系是本区域产业成功发展的关键性因素。杰克波斯（Jacobs，1961）提出了社会资本的概念，并将其界定为"邻里关系网络"。普特南（Putnam，2000）和波特（Porters，1995）从不同角度认为社会资本主要是社会组织的网络、规范和信任等方面特征，它可促进相互利益的协调与合作。

1.4.3.3 城市生活服务功能对工业人口的生活支撑

学界和政界揭示了城市功能对工业园人口生活性服务和公共服务支持不足的问题。刘畅、李新阳（2012）认为工业新区存在职住不平衡、生产服务与生活服务设施缺乏的问题，由此产生"空城"与"睡城"以及城市交通拥挤、潮汐式交通等问题。《国家新型城镇化规划（2014—2020）》提到2.34亿农民工及其随迁家属未能在教育、就业、医疗、养老、保障性住房等方面享受城镇居民的基本公共服务。郑秉文（2011）、吴志华（2012）发现由于城市建设和产业发展跟不上人口城市化的速度，拉丁美洲和加勒比地区面临严峻的问题。

众多学者主张按照1977年签署的《马丘比丘宪章》在工业园创造综合的、多功能的环境。曾振、周剑峰等（2013）认为需要在传统工业园中植入城市居住、服务功能。沙拉科杰－思玛柯尔（Sarah Kogel-Smucker，2008）认为企业区若选址在城市中心之外，可能导致城市蔓延，主张政府的企业区计划按照"精明增长"原则实施，形成综合性城市功能区。

1.4.4 关于产城融合的一个障碍——工业污染的研究

戴维·兰迪斯（1965）分析了19世纪欧洲工业区对城市的污染，发现工业革命以来，欧洲工业生产出现空间集中的区域化趋势，造就了一批肮脏而繁荣的城市。马丁兹、拉马斯和德米瑰尔（Martínez，Llamas & de Miguel，2008）分析了当代工业区对西班牙城市的污染，他们采取了669个土壤样本，采用聚类分析法分析了西班牙南部里奈尔（Linares）地区城市工业和采掘工业对土壤的污染情况，发现城市工业对土壤产生的铅、砷、铜、锌、钡污染是显著的。

孔翔、杨帆（2013）注意到环境污染对工业园实现产城融合的障碍，认为难以就近布局住宅和高端生活服务设施，限制了其城市功能的提升。林峰（2014）提到工业园区推动城镇化发展的同时，也面临着工业与城市分离、环境污染等问题。卢为民（2013）考察了中国台湾地区工业区的发展历程，发现其间存在因为噪音、煤烟等因素使得工厂与居住分离的阶段。中国社会科学院工业经济研究所（2014）认为城镇化的产业支撑要符合绿色、低碳的要求，不能以牺牲生态和生活环境为代价。

杨朝飞（2014）发现当代中国的工业污染仍然居高不下。十多年来，工业废水排放总量依然很大，污染物的排放总量依然大大超过了环境容量和环境承载力。工业废气排放总量不断上升。工业粉尘排放量虽持续下降，但工业二氧化硫排放总量呈现波动上升趋势。工业固体废物产生量不断增加，2012年达到329044.3万吨，是2003年的3.2倍。工业危险废物产生量大幅上涨，2012年工业危险废物产生量达到3465.2万吨，是2003年的3倍。

1.4.5 关于产城分隔根源与产城融合实现路径的研究

1.4.5.1 关于产城分隔的根源

胡滨、邱建等（2013）指出产城分隔的一个重要原因在于城市规划理念落后，过分强调功能分区，职能过度分离，居住、服务、就业功能剥离。魏后凯（2014）认为其根源在于政绩冲动、规划软约束和规划界的利益驱动，政绩驱动地方政府大力扩张工业园和城市，规划的软约束和规划界的利益驱动则助长了这种扩张冲动。还有一些学者指出政府职能缺位是园区人口生活服务和公共服务支持不足的重要原因。

1.4.5.2 关于产城融合的实现路径

在总体原则上，习近平总书记指出要坚持市场在资源配置中起决定性作用，又要更好发挥政府在创造制度环境、编制发展规划、建设基础设施、提供公务服务、加强社会治理等方面的职能。

在产城融合实现机制上，谢呈阳、胡汉辉等（2016）认为"产""城"的协同互促是以"人"为连接点，通过产品及要素市场的价格调节和因果循环机制实现的。刘欣英（2016）认为产业生产要素、经济实力、城市化水平、发展环境是影响产城融合的四维度因素。阳镇、许英杰（2017）认为要落实以人为本的城镇化，并推动产业链条由"制造"到"创造"的转变，有机对接开发区产业发展与城市服务功能。

在工作方向上，曹和平（2014）认为要优化产业园的交通布局，在具有城市基本生产功能和交易中心的基础上，通过优化交通营造商贸、人文、居住的气息，落实城市发展所需要的基础功能。刘荣增、王淑华（2013）提出了城市新区产业高级化战略、社会服务强化策略以及新区有机成长的路径。

在城市规划上，胡滨、邱建等（2013）提出产城一体单元规划法，产城一体单元是实现城市产城一体发展的基本空间引导单元。贺传皎、王旭等（2012）认为规划思路与方法应向城市为产业投放核心要素、产业带动城市转型的模式转变。《国家新型城镇化规划（2014—2020）》要求统筹生产区、办公区、生活区、商业区等功能区规划建设，推进功能混合和产城融合。唐永伟、陈怀录等（2015）从产业、交通、配套体系、生态以及实施时序5个方面提出了"产城融合"理念下的规划应对策略。查理·齐米德（Charles Schmidt，2004）提到了贯彻先进规划理念的困难，认为关于精明增长与控制城市增长边界的主张将受到先期实施的区划条例的限制。宋朝丽（2019）根据雄安新区产城人融合发展要求，提出规划必须更加注重人的全面发展和幸福感、获得感、成就感的满足，在做好城市基础设施建设和提供良好公共服务的同时，打造更人性化的物理空间、社会空间、文化空间、意象空间。吕慧芬、刘珊珊（2016）等认为规划上应定位于多元复合、三生和谐，注意分期实施，注重弹性规划。李文彬、顾姝等（2017）认为随着地区发展与转型提升，不仅需要满足产业与城市功能的配套与完善，更需要构建以人为本的多要素体系的融合发展，即推动产业创新驱动、城市品质提升、文化内涵挖掘、生态绿色融合、复合社区发展5个方面一体发展，并通过规划、建设、运营的系统思维实现"产城人文绿"的深度融合。黄建中、黄亮（2017）等认为在产城融合的规划实践中，应基于地区产业升级要求在生产区与生活区之间布局中高端的研发与创新环节，布局营销、总部、供应链管理等生产性服务业，各个片区之间分工协作，以产业一体化带动产城空间一体化。黄亮、王振等（2016）以上海虹桥商务区为例，规划定位上为城市副中心，从商务区建设为主转向新城区建设为主，分步骤强化区域统筹与管理。具体措施包括优化产城融合空间格局，构建区域交通网络，打造宜居宜业城区，合理配置公共服务资源。赵虎、张悦等（2022）提出高新区规划应坚持产城融合导向，以"人—产"融合发展为核心，与空间规划工作流程相结合，形成对策依据体现、对策主体体现和对策空间体现。吕小勇、王鹭等（2022）强调了公共服务设施规划对于引导空港新城向着公平、集约、高效的方向产城融合发展的重要性。

在建设阶段性上，王凯、袁中金等（2016）认为工业园区产城融合的功能需求在不同发展阶段是不同的，映射出一个动态变化的空间形态过程。实现工业园产城融合，需推动三规融合，制定产业激励政策，优化土地利用结构，创新户籍和住房制度。谢呈阳、胡汉辉等（2016）认为需控制城镇空间的盲目扩张，围绕"人"的需求，重视服务业匹配，有条件的地区甚至可以适度超前推进以服务业为载体的城市功能建设。陈佶玲、彭兴莲等（2017）认为产业园区主体应采取统筹政府长短期收益、支持企业服务创收、渐进发展城市功能和拓宽政企合作领域等措施，引导双方适时进行园区城市功能建设，走上"政企协作同步推进产城融合"之路径。

在公共服务上，张光进、赵源（2017）认为必须在公共服务供给空间、供给结构和供给阶段上做出合理的配置，以提升城市功能，实现产城融合。刘宝香（2016）认为完善城市低成本住房制度及其配套制度有助于农业转移人口家庭化迁移，有助于实现"居业联动、产城融合"。

在高新区产城融合上，张建清、白洁等（2017）认为应加强统筹规划、大力发展高新区服务业配套、引导就业人口就近居住、合理安排软硬件投入以推进高新区产城融合。彭兴莲、陈佶玲（2017）认为需加强科学规划、设施配套、交通组织以及生态统筹。

在要素支撑上，林章悦、王云龙（2015）提出以金融支持产城融合发展，实现结构转型的目标，驱动虚拟经济和实体经济共同发展，发挥金融在产城融合中的润滑剂与推进剂作用。在土地利用上，张艳（2008）认为，伴随着经济发展，一些早期开发建成的制造业产业用地，将有可能按规划或自发地向占地小、功能强、产出高的第三产业用地或居住用地转变。不少原先位于开发区边缘区域的地块在数年之内就随着开发区用地区划的调整而迅即转变为开发区核心区位的地块，要加强土地置换的调控，避免无序开发。左学金（2014）认为要从土地管理、土地制度方面做更大的、更实质性的改革，产城融合才能有比较显著的效果。

1.4.6 有待加强的研究方向

尽管对工业化和城镇化互动发展的研究时期较长，其中不乏关于产城融合的内容，但把产城融合作为一个独立的课题展开研究是近几年的事，研究比较薄弱，尚存在一些需要加强的研究方向。

（1）全面准确地界定产城融合。目前在产城融合的适用对象、对"产"和"城"的理解等问题上存在一定分歧，有的学者完全从语言逻辑角度理解产城融合，忽视产城融合的提出背景，有必要深化对产城融合这个概念的认识。

（2）产城融合发展历史和经验的研究。经济史研究是经济学发展的基石，目前对中外产城融合发展史的研究尚不充分，且以描述性发展史居多，实证分析性发展史较少。

（3）完善产城融合的评价指标体系。需要在全面准确理解产城融合内涵的基础上，从理论支撑、体系完备、方法优化等方面完善产城融合的评价指标体系。

（4）研究在工业污染长期存在的情况下如何实现产城融合。如何实现产城融合，近年来学者们在实现机制、城市规划、建设阶段性、公共服务提供、高新区产城融合、要素支撑等多方面取得了丰硕的成果，但我们对于其发展阶段性的研究还需要进一步重视。有的学者从注重功能分区的极端走向了功能混合的极端，主张在以传统工业为主的工业园内规划大片居住区和商业区。但鉴于人口众多、发达国家制造业回归战略等因素，中国建设生态文明并不能完全排除存在一定污染的劳动密集型工业，片面强调功能混合可能重犯"千层糕"式布局的历史错误；有的学者认为产城融合仅仅适用于无污染或低污染的高端制造业和现代服务业为支撑的区域单元；有的学者提到了污染对产城融合的妨碍，但尚未提出有效的应对办法。

实现产城融合是一个较长的过程，产业发展历史和城市因产业而兴的漫长历史就是一部产城融合演变史。在现阶段，工业园一般布局于城市郊区，而且工业污染在一个较长时期内并不能治理到可以在其毗邻区域布局生活功能区的程度，在这样的情况下，如何认识和实现产城融合，是值得深入的方向。

（5）产城融合的计量经济研究。目前以定性分析为主，理论假说颇多，需要在世界范围内大量搜集样本数据，以计量经济模型的实证研究方法，才能实现真正理论发现和发展，实现科学的政策评价和预测，实现对产城融合发展实践的正确指导。

2 工业园产城融合的内涵与外延

唯物辩证法揭示了人类认识世界的基本过程——实践→感性认识→理性认识→实践，对事物本质规律的系统性认识成果即为理论。这一理论告诉我们，实践先于理论，而在现实经济社会发展中，这种现象也普遍存在，产城融合也是如此。产城融合实践探索源起于河南周口市、上海嘉定区等地，在工业园区规划时，他们探索同时规划发展居住、商业服务等非生产性的城市功能区，这种探索于2009年开始被公开报道[①]。在一两年后，关于产城融合的理论分析和系统研究逐渐开展起来，对产城融合，尤其是对工业园产城融合的认识逐渐丰富起来。不过，其中也出现了一些认识偏差，而理论上的偏差对实践工作形成了一些误导，因此颇有必要厘清对工业园产城融合的基本认识。

2.1 当前工业园产城融合推进工作中的认识误区

在工业园管理实践和规划编制上，目前对产城融合存在两种较为突出的认识误区。

2.1.1 将产城融合单纯理解为空间上的混合布局

（1）不顾工业发展阶段，把工业园产城融合单纯理解为空间上混合布局，重现计划经济时期的"千层糕"城市布局。在工业园发展的高级阶段，这种空间上的混合布局具有科技含量高、资源耗费少、污染排放低、经济效益好的特

[①] 参见吴继峰、李凤霞：《坚持走产城融合发展之路 统筹城乡发展 不断推进工业化和城市化进程》，载《周口日报》2009年6月12日第A01版；茅佩云：《产城融合："汽车嘉定"打造宜居新城》，载《第一财经日报》2009年11月6日第A15版。

2　工业园产城融合的内涵与外延

点，在园区布局生活性服务、生产性服务和公共服务功能区是适宜的、必要的。但在中西部欠发达地区，工业化处于初期或中期，工业园集聚的还是科技含量较低、资源耗费多、污染排放较高的中低端工业企业，在园区布局生活服务、公共服务设施必然使得人们的生活受到工业负外部性的较大影响。但在对产城融合的片面理解下，不少中西部地区工业园仍然坚持空间上的功能混合。比如，新疆生产建设兵团提出"同步规划建设配套基础设施和公共服务设施，在做大做强支柱产业、把园区建设成为'两化'互动发展示范区的同时，建设城市新区"[①]；广西某循环经济工业园以再生铜、再生铝、再生铅、再生锌、再生钢、再生塑料等行业为主导产业，对周边环境的污染影响不言而喻，但该工业园却遵循其管理者所理解的产城融合理念布局了公租房、创新大厦、中学、技师学校等项目[②]。

在规划界也较为广泛存在这种认识，并影响了以传统工业为主导的工业园规划实践。比如，有的规划师认为产城融合中的"功能融合是指产业、居住、商业、娱乐等功能的混合，即产业园区就是城区、产业新城"[③]。宜在产城融合理念指导下，向园区引入城市生活服务业及生产性服务业，使其成为园区可持续发展的核心动力，实现中低端制造业为主的工业园转型升级；产城融合中的空间融合，需要"营造园区良好的生活环境"[③]。这些认识已经被他们应用到了规划实践中去，包括对以传统中低端制造业为主导产业的传统工业园编制产城融合规划，比如以食品加工、机械制造、工程橡胶、纺织服装和精细化工为主导产业的衡水工业园[③]；又如，以食品加工为主导产业的崇左工业园近期规划建设职工宿舍及其配套社区级公共服务设施，中期规划大规模植入生产性服务功能，同时引入高端的生活性服务功能和提升传统生活性服务功能。

这种认识和实践，使城市居住功能区直接受到工业生产功能区负外部性的影响，是计划经济时期"千层糕"式城市布局的重演。在计划经济时期，典型的城市布局是工厂"小社会"各自为政：大中型工业企业各自占有主城区边沿或市郊[④]的一块土地，其上既建有工厂，也建有研发楼、办公楼等商务设施，还配建职工住房、食堂、体育、活动室、商店等生活服务设施，有的还配建幼

[①] 参见郭勇：《产城融合　推进兵团城镇化发展》，载《兵团日报（汉）》2013年11月8日第7版。

[②] 参见张丽颜：《广西梧州循环经济产业园区：产城融合　以产促城　以城兴产》，载《国际商报》2021年7月6日第6版。

[③] 参见曾振、周剑锋、肖作禹：《产城融合背景下传统工业园区的转型与重构》，载《规划师》2013年第12期。

[④] 那时的市郊今天绝大多数已经演变为中心城区。

儿园、子弟学校、医院等公共服务设施，一个大中型工厂就形成一个功能比较齐全的小社会，为生产功能区、生产性服务功能区、生活性服务功能区、公共服务功能区的混合板块。一座以发展经济为主要职能的城市一般或疏或密分布这样的工业"小社会"混合板块，彼此临近，又比较独立，各自为政，形成生产功能区、生产性服务功能区、生活功能区、公共服务功能区深度交错混合的"千层糕"式城市布局。这种布局下，工厂职工生活区、公共服务区全天候遭受生产区的负外部性影响，深受扬尘、有毒有害气体、噪声、废水等排放物的影响，有的还面临工厂危险原材料、在产品或产成品的安全威胁。根据笔者的访谈，经历过那个时代的老职工对此深有感触。

当前那种错误理解产城融合，在传统工业园也主张生产、生活功能区空间混合的观点和实践，和"千层糕"式布局的区别在于：前者是以工业园为单位配建生产性服务、生活性服务和公共服务功能区，大于计划经济时代以工业企业为单位进行配建，即当前的工业园混合板块大于计划经济时期的工厂"小社会"混合板块。当然，一座城市的传统工业园数量也远远少于工业企业数量，工业园混合功能板块远远少于当年的工厂小社会板块。

这种错误理解产城融合的观点和实践与"千层糕"式布局的相同之处在于：①一座城市往往有多个传统工业园，若都坚持各功能区混合布局，则在城市存在多个工业园混合功能板块，一样会形成生产功能区和服务功能区多层相互交错的状态，仍然可归类于"千层糕"；②两者都是在中低端工厂附近布局生活服务、生产服务和公共服务功能区，都会使得后者遭受前者的负外部性影响，是不可取的。

2.1.2　在工业园产城融合认识上重硬件轻软件

自"产城融合"一词得到中央认可以来，全国各地工业园规划建设都在其规划文本或有关文件中声明坚持产城融合理念，有的还编制了工业园产城融合发展规划；同时，较多中西部地区工业园管理者也清醒地认识到当地工业发展的先进性、清洁性不足，负外部性不容忽视，不能简单地将生产、生活功能区混合布局在一起，而应把工业园（生产功能区）布局在城镇外郊，把居住、商业、商务、学校、医院等生活性和生产性服务功能区布局在城镇之中。那么如何实现以城促产呢？很多中西部地区级政府除了在地方财力允许条件下修建一条工业园至城镇的快速道路，其余的举措大都乏善可陈。传统工业和重硬件轻软件的认识误区使得产城融合徒有其名。我们希望通过一些软性的局部制度创新能够让工业园更快更好地使用母城（镇）提供的生产性和生活性服务，这是

2 工业园产城融合的内涵与外延

他们在产城融合认识上所欠缺的。

2.2　工业园从产城分离到产城融合的发展历程

中国已经建成一批产城融合型工业园，国土资源部编制的《开发区土地集约利用评价规程》（2014年度试行）根据开发区主区内工矿仓储用地、住宅用地占已建成城镇建设用地的比例状况，将开发区划分为工业主导型开发区和产城融合型开发区两种评价类型。其中，"开发区主区内工矿仓储用地占已建成城镇建设用地的比例≥30%且住宅用地占已建成城镇建设用地的比例＜25%的，划为工业主导型开发区；开发区主区内工矿仓储用地占已建成城镇建设用地的比例≤30%或住宅用地占已建成城镇建设用地的比例≥25%的，划为产城融合型开发区"。按此标准，世界发达地区的诸多工业园都已进入产城融合型行列。不过，回顾工业开发区发展历程可以知道，它们一般经历了从产城分离到产城融合的渐进演变过程，其发展阶段规律如表2-1所示。

表2-1　中外工业园一般发展模式

阶段	萌芽	起步	成长	蜕变	成熟
支柱产业	基础设施	传统工业	高加工度工业	高技术	高技术、新兴产业
区内服务功能	部分公共服务	初级生活设施和服务	生活服务有所提升生产服务组织和设施初现	生活性和生产性服务迅速发展	生活性和生产性服务功能完备
产城融合度	极低	低	中下	中上	高

在工业园的萌芽阶段，其支柱产业为基础设施，工业园内仅有零星的公共服务设施，产城融合度极低。此时，地方政府一般已经制定了工业园规划，勾画了工业园发展蓝图，确立了工业园5~20年发展的经济目标、产业目标、社会发展目标、基础设施建设规模和进度，有的制定了工业园产业发展规划和招商发展规划。有的同时制定基础设施建设专项规划，包括道路建设规划，管廊建设规划，标准厂房建设规划，水、电、气、通信、环境、安全等公用设施建设规划。其内在逻辑是，地方政府派出机构——工业园区管理委员会根据规划目标和步骤开展招商活动，为了确保企业的基本生产条件和基本生产要素，管委会同时需按照基础设施建设规划开展建设活动，包括征地拆迁和移民安置，工业园土地一级开发，为可能到来的企业建设工业园道路、供水设施、排水设

工业园产城融合
关键因素及影响机制

施、电力设施、供气设施、通信设施、污水处理设施、垃圾站、消防设施、综合减灾防灾设施等基础设施。如果此时已经招引到工业企业入园，只有少数幸运的小微企业能直接进入已建或待建的标准厂房，它们可以安装调试设备后在较短的时间内开展生产。主要的引进企业在工业园萌芽阶段需要自己建设厂房、办公房和倒班房等生产设施，一般来说，企业自己作为业主单位设计、招标、建设厂房能够更好满足生产的特殊需要。在这个阶段，企业的生产规模一般没有达到其最大规模，它们需要一个探索和调整过程，以便开拓市场并适应市场需要，所以厂房的建设往往是渐进的，一个阶段性建设目标达成后，如果市场对自身产品需求旺盛，企业往往选择扩大生产规模，这就开始了新的一轮厂房等基础设施的建设。由此可知，在工业园萌芽阶段，无论是管理委员会还是工业企业，一般都会建设基础设施，所以这时候工业园的支柱产业便是基础设施业。显然，鉴于繁重的基础设施建设任务尚需完成，管理委员会没有精力为园区建设生活服务设施，在生产服务设施上，也仅仅可能建设物流园，为工业企业生产必需的物流服务提供基础性条件。这时候园区内的生活服务设施往往是十分简陋的，参与基础设施建设的各级职工（包括建筑工人们）的吃饭问题往往通过流动摊贩解决。即便政府有建设的财力，在这个阶段在工业园内建设商店、饭店、酒店等也是不划算的，因为这时还缺乏稳定的客流，即便是开饭店也容易亏损——从事基础设施建设的饭店客流会随着基础设施建设任务完成而消失，没有较大规模市场需求支撑，配套服务设施一般缺乏自生能力，难以为继。

在工业园的萌芽阶段，产城分离明显，产城融合度极低。首先，在规划选址上一般会远离城市中心城区。这是必要的，因为未来引进的工业企业一般存在工业污染，包括有毒有害气体造成空气污染，排放污水造成水污染，固体废弃物污染，生产中的粉尘污染，机器设备轰鸣造成的噪声污染，频繁的原材料运入和产品运出造成的扬尘污染等。同时，安全问题也不容忽视，企业生产过程中可能发生严重安全事故危及周边区域，企业危险物品存储不当也可能发生灾难性事故，频繁的货车运输也让附近行人（如果有的话）感到不安——货车引致事故发生频率一般较高，形成事实上的安全危险[①]。由于存在工业污染和安全危险，远离中心城区选址建设工业园是必要的。同时，工业园规划选址时需要考虑到引进企业用地需要，未来能够引入多少工业企业是一个未知数，实际上需要多少工业用地便是未知数。另外，工业园规划选址还需要考虑到现有

---

① 基于这个原因，货车常常被称为"祸"车。

2 工业园产城融合的内涵与外延

企业扩大生产规模的用地需要，这个数据同样难以预测。面对不可预测的用地需求，地方政府能做的就只有留足余地，在城市中心区规划建设工业园显然无法满足这种用地的可能性，在城市中心区边沿也无法充分保障，只有选择在远离中心城区的地方规划建设工业园才能满足将来四向拓展的需要。

工业园萌芽阶段产城融合度极低的第二个原因在于，工业园自身配套服务极少的情况下，工业园职工大多需要母城提供生活性服务，企业大多需要母城提供生产性服务，但工业园到母城的交通条件在萌芽期却是颇为困窘的。在工业园萌芽期，地方政府面临沉重的工业园建设任务，往往会忽视工业园到母城之间的道路建设；有的地方把工业园与母城的道路联结线建设作为优先事项，建成了较高等级的公路，但通常不会在道路交叉处建设更为昂贵的高架桥或下穿隧道，导致红绿灯较多，影响通行感受，职工通勤的综合成本（时间、费用、痛苦程度）难以达到理想水平。一般来说，合意的综合通勤成本需要地铁或相当的轨道交通，但这在工业园萌芽期显然是无法实现的，因为这时候在工业园与母城之间的人流量不大，建成与地铁相当的轨道交通会造成比较严重的运力浪费和随之而来的轨道公司亏损；同时这种做法潜藏高度风险——如果工业园建设失败，建成的轨道交通可能被废弃。总之，在工业园萌芽期，工业园自身服务配套功能区缺乏足够的市场支撑，无法成功建设和运营；依托母城提供服务的综合交通成本又过高，工业园职工往往需要早晚在工业园与城市之间痛苦摆渡，产城融合度极低。

有相当一部分工业园在萌芽期之后，经历起步期、成长期、蜕变期，在20~30年后进入成熟期，从前途未卜的传统工业园华丽转身，变为高新技术产业园或者高质量发展的经济技术开发区（为表述方便，以下用高技术开发区或高新区指代它们），从产城融合度极低转变到产城高度融合。高新技术开发区的突出特点有如下五点。

（1）它们的污染大大减少，甚至不对外排放污染。在工业园发展历程中，鉴于竞争的压力和对超额利润的追求，工业企业大多想方设法不断改进生产技术，具体的办法包括增加研发投入，与海内外研究机构开展合作研究，通过兼并重组增强研发能力，走自主研发、合作创新、集成创新、引进消化吸收再创新等道路提升自身技术实力。工业企业跳过研发投入的初始门槛后，常常可以呈现"一步领先、步步领先"的马太效应——依托高技术，实现更低成本与更高品质，进而实现更高利润，这些利润转而投入研发，走向更高的技术。那些在技术创新大潮中步履迟缓，或者在技术创新过程中把握失当，引致技术创新风险的企业，往往在竞争中败下阵来。鉴于市场竞争的压力，有时兼有工业园

工业园产城融合
关键因素及影响机制

管委会的压力（比如以亩产论英雄的评比、发展空间的限制、道义劝说、环保检查等），如果企业无法通过某种途径赶上技术进步的速度，或者本身属于高排放高污染的企业，往往不得不向欠发达地区转移。这样，通过市场优胜劣汰机制，通过工业园管理委员会的压力，工业园有的企业实现较快技术进步，有的企业不得不向外转出，给引进新的高技术企业腾出了空间（即所谓的腾笼换鸟），使得工业园存续的企业都为高技术企业。这些高技术企业往往有能力实现清洁生产，并鉴于社会责任的引导，兼有地方政府尤其是环境保护部门的压力，它们的污染排放已比早年大大降低，有的企业甚至通过减量化、循环利用、再资源化等途径实现了零排放。在这个转变过程中，地方政府对环保设施的投入也是值得关注的。在工业园萌芽、起步乃至成长期，地方政府都可能由于财政紧张、缺乏规模效益等原因未能在工业园建立起污水处理等环保设施，或者建立起来也没有正常运行。随着工业园发展，地方财政收入逐渐充实，或者国家支持更加有力，园区企业越来越多，集中处理污染物的需求越来越大，这才使集中处理污染物成为现实。

（2）工业园区污染大大降低，且园区企业更加大量集聚，为园区发展提供了更多更好的可能，园区生产性服务配套在园内或毗邻配置。随着工业园内企业数量增加，企业对于生产性服务的需求就越来越大。这些生产性服务包括宏观经济咨询、行业动态与市场信息服务、工程管理服务、物流服务、研发设计服务、办公物业租赁服务、酒店与会议服务、金融服务、办公设备维护服务、管理咨询服务、财务和税务服务、人力资源服务、销售与展览服务、法律服务、环保咨询服务等方面。其中，有的生产性服务属于工业企业的刚性需求，生产性服务企业，比如物流服务[①]、销售与展览服务、银行网点，在园区污染较强的时候就进入工业园了。一般来说，销售与展览区布局在工业园与生活功能区之间，起到一定的隔离作用。随着污染有所降低，在工业园边缘往往会建设商务区，有时称为总部经济区，它提供办公物业租赁或销售服务，工程管理服务企业、研发设计服务企业、中小型金融企业或其分支机构、办公设备维护企业、人力资源服务企业（包括各类培训机构）、财务类事务所等企业往往乐于入住该类型商务区，以便靠近客户并获得低租金优势。随着污染进一步降低，可提供会议、食宿、娱乐的高档酒店也逐渐入驻园区，为企业及其伙伴服务。随着大量生产性服务企业进驻园区，此时的工业园已不再是纯而又纯的工业企业集聚区，工业和仓储用地比例可能下降到30%以下，工业产值比重往

---

① 当然，物流企业本身也带来安全隐患，它常常被称为生产企业，但其本质属于服务业。

往也大幅度降低,生产性服务业呈现蓬勃发展的势头。

(3) 高新区生活性服务配套在园内或毗邻配置。当工业园的污染和安全隐患足够小的时候,在工业园周边就可以规划建设住宅区。这样的住宅区与工业园的制造企业之间往往隔着展览销售区、商务办公区或总部经济区,或者通过绿化带隔离。这类住宅区既可以就近为园区职工提供居住与生活服务,又基本能够免受制造业的负面影响。在工业园进入高新技术产业开发区阶段之后,其周边的高档住宅会增加,其内部也建设较多高档住宅。随着生产性服务企业集群在高新技术园区的出现,在园区内与其紧邻的高档住宅也可免受制造业的负面影响,而生产性服务企业内的白领和金领们也需要就近布局的高档住宅,这样他们可以实现职住平衡。当然,随着大量企业聚集而聚集的就业人口增加,以及高新区内部和毗邻区域的住宅区建成,大量人口自然对餐饮、文化、娱乐、康体、休闲、购物等生活性服务业有大量需求,这些生活性服务企业就会落户高新区内部和周边。医院、学校、体育馆等公共服务配套同理也将按照与生活性服务业类似的逻辑布局进来,共同形成高新区的生活性服务配套功能区。

(4) 高新区与母城之间形成快速通道。在工业园从萌芽阶段逐步发展到高新技术开发区或高质量发展的经济技术开发区的过程中,随着工业园经济体量增加,为满足工业园对生产性服务和生活性服务的需求,为进一步支持工业园发展,并作为其经济贡献的一种回馈,政府往往优先考虑在母城与工业园之间建设快速通道,包括高等级公路、现代有轨电车,在财力和建设条件允许的情况下优先在该路线建设地铁或轻轨等,促进产城融合。

(5) 高新区与母城相向发展,融为一体。有较多的高新区和母城在地理上由最初的两头分离逐渐通过相向发展融为一体,这体现了城市发展的自然演进逻辑。城市发展沿着便捷交通的方向扩张,是 TOD(以公共交通为导向的开发,Transit-Oriented Development)模式的题中应有之义。随着高级阶段工业园与母城之间的轨道交通等高等级通道的建立,且高级阶段工业园的污染和安全隐患日渐减轻,母城自然向高新区发展。而高新区配套建设的生产性服务功能区与生活性服务功能区也会优先向着母城的方向,以便更好利用母城的丰富资源,享受母城的城市集聚效应,二者自然相向发展融为一体。

需要注意的是,有的资源依赖型工业企业聚集的工业园(如石化产业园)通常无法发展为高新技术产业开发区,某些劳动力密集工业集聚的工业园也存在类似命运,为保障其服务功能配套,在其规模发展到一定程度的时候,政府往往为其建设轨道交通等快速通道[①]，通过快速交通方式，生产功能区与生产服务功能区、生活服务功能区之间互不干扰，各得其所又能相互支持。

2.3 工业园产城融合的基本认识

目前在对产城融合的认识上存在一些偏差，一个典型的表现是不顾工业园[②]存在的污染和安全隐患，在空间布局上将城市服务功能区植入生产功能区内部或紧临区域，试图将集聚普通工业企业的工业园从单一生产功能区打造成产城融合的"城市综合功能区"，结果适得其反——产城融合本是针对工业园"孤岛"和"空城"提出的，这种做法下建成的服务功能区却成为新的"空城"。此类实践上的错误做法，究其原因，在于对产城融合的理解和认识存在一些偏差。在当下，有必要深入讨论产城融合的内涵和外延等问题。

2.3.1 正确理解产城融合的前提

对产城融合理论适用对象、它与工业化和城镇化的关系的认识，是影响产城融合理解的基础性问题。

首先，宜从产城融合概念提出的初衷和它所针对的特定问题去理解它，在"城镇"的具体层面上理解产城融合，不宜过度扩大概念的适用面。产城融合本是针对工业园"孤岛"和城市新区"空城"提出的，对产城融合的理解和应用以遵循这个"初心"为宜。工业园是城镇的一部分，在"城镇"的层面上理解产城融合，形成完整严密的理论体系，指导城镇处理好工业园与母城（镇）的关系，解决好"孤岛"和"空城"的问题，是产城融合研究者需要经过长期努力才能完成的使命。

有的学者在城镇体系、城乡融合、区域一体化、城市产业适宜性等层面理解产城融合，将产城融合理论和原则视为解决众多区域和产业战略问题的主要武器，有过度拔高之嫌。一个城市选择适宜的主导产业，从而支持城市发展，这是区域经济和产业经济学的传统课题，没有必要采用产城融合的概念去概括它，在这种层面上使用这个概念，不过是经济学概念之间的"内卷"，对解决具体理论和实践问题无济于事。

[①] 比如，成都彭州的石化大道、新加坡主城区与裕廊岛之间的快速通道。
[②] 包括以工业为主导产业的经济开发区、经济技术开发区、产业园、综合保税区、出口加工区、工业集中区等。

2 工业园产城融合的内涵与外延

其次，在产城融合与"工业化城镇化"的关系上，宜理解为，它是"工业化和城镇化良性互动"的逻辑结果和检验标准。有的学者认为，产城融合是工业化和城镇化良性互动的实现路径，这种理解有欠妥当。这是因为如果一座城市以旅游业之类的生活性服务业为主导产业并且实现了产城融合，它并不能反映工业化和城镇化的良性互动关系；相反，如果工业化和城镇化良性互动，则这座城市可实现第二产业、第三产业、居民、城市载体的协调融合，即产城融合。所以说，它是工业化和城镇化良性互动的逻辑结果，可以用它检验一座以工业为基础的城市是否工业化与城市化以及在多大程度上实现了良性互动。

最后，宜将产城融合理解为一种发展目标和结果，而不宜轻易作为分析问题解决问题的手段。在产业集聚、城市面积扩张以及城市人口扩张对城市创新水平的影响上，有学者认为产城融合对其形成了门槛效应；也有学者认为产城融合影响城市绿色创新效率，产城融合影响城市碳排放数量，诸如此类观点都把产城融合当作一般的自变量，其实是一种错误理解。它是城市发展追求的一种综合性结果，和城市创新水平提高、城市碳排放降低是相辅相成的关系，它作为一种综合性概念，城市创新水平、城市碳排放作为特定方面概念，产城融合概念可以认为高于后两个概念，可以作为它们的因变量。把产城融合作为它们的自变量，首先面临测度难题，其次又无助于找到城市创新水平提升、城市碳排放降低的根本影响因素，在实际工作中就找不到推进工作的"抓手"。

2.3.2 产城融合的内涵与外延

城市有三个基本要素，分别是产业、人口[①]、载体，产城融合应理解为城市的三个基本要素之间的协调融合。《中国大百科全书·建筑、园林、城市规划》(1988年)将城市定义为：依一定的生产方式和生活方式把一定地域组织起来的居民点，是该地域或更大腹地的经济、政治和文化生活的中心。《经济大辞典》(1992年)认为：城市是人口集中、工商业比较发达的地区。《现代汉语词典》(1996年)界定为：城市是人口集中、工商业发达、居民以非农业人口为主的地区，通常是周围地区的政治、经济、文化中心。《韦氏大词典(第三版)》认为：城市包括有各种技能的一个人口集团，在粮食的生产方面缺少自足，而通常主要地依赖着制造工业和商业以满足其居民的需要。上述关于城市的界定在表述上尽管各不相同，但都围绕着人口、产业、载体进行阐述，这三点正是城市的三个基本要素。

---

① 包括在城市工作生活的农业转移人口、在城市工作在城市郊区生活的人口。

工业园产城融合
关键因素及影响机制

城市产业包括第二、第三产业，绝大多数主流城市以工业和生产性服务业为主导产业，只有极少数城市以生活性服务业等为主导产业，比如极少数纯粹的旅游城市；当然，产业的另一面必然是人口的活动，主要包括从事产业的人口（在职或者退休）及其眷属；城市载体包括不同用途种类的城市土地及其附着物，包括居住用地、公共服务用地、工业用地、公用设施用地、绿地广场用地、道路用地、商业服务业用地、物流仓储用地等，实践中还存在同一宗地满足不同用途的综合用地。所以，产城融合即城市人口、产业和载体的协调均衡和相互支撑，其中人口是产城融合的核心变量和根本目的，图2-1比较直观地呈现了产城融合的各个要点。

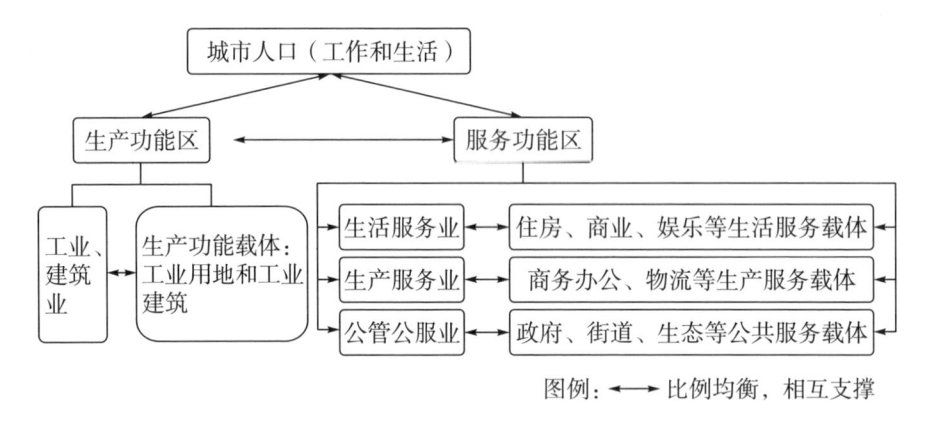

图例：⟷ 比例均衡，相互支撑

图 2-1 产城融合的内涵

产城融合并不是城市三个基本要素的静态陈列，它们的相互作用构成以人口为中心的城市的两大功能区——生产功能区和服务功能区，其中第二产业与其城市载体（土地及其附着物）构成生产功能区，第三产业与其载体构成服务功能区。因此，产城融合又可理解为城市人口、生产功能区、服务功能区三者内部和三者之间协调均衡、布局合理、互相支撑的关系。

生产功能区通常是各种形式的工业园，在其内部，工业用地、工业建筑或构筑供给需与工业[①]发展相协调，如果工业用地供给过多，则会出现工业用地闲置或低效利用；如果供给不足，则会制约工业发展，拖慢城市经济增长，所以生产功能区集约建设和发展是产城融合的题中之义。

服务功能区主要布局在工业园依托的母城中心城区，有的工业园内部或毗

[①] 城市生产行业还包括建筑业，但由于建筑业用地并不是长期性的，本文在讨论城市生产功能区时只提工业。

邻区域布局了商业区、商务区、居住区、公共服务区，也属于服务功能区。从功能看，它包括三部分：生活性服务业及其载体构成的生活服务功能区、生产性服务业及其载体构成的生产性服务功能区、公共管理和公共服务业及其载体构成的公共管理与公共服务功能区。其中，生活性服务业的载体主要包括住房、商业、娱乐康体等方面的用地及其建筑和构筑物。如果商业载体超过了商业服务业发展的要求，则可能出现商业建筑空置或低效利用现象，商业建筑出租困难，租金下降，单位面积产出降低。生产性服务业的载体主要包括商务用地及其建筑（办公楼等）、物流仓储用地及其建筑（仓库、堆场等）。如果商务载体供给超过了商务服务业发展的需要，则会出现办公楼空置或低效利用现象，表现为商务办公建筑单位面积营业收入降低。公共管理和公共服务载体主要包括行政办公、文化、教育科研、卫生、体育、公用设施等用地及其建筑和构筑物。如果公共服务载体供给不能满足公共服务业发展要求，则城市公共服务功能区发展不足，导致城市人口就医、上学等方面的困难。

在城市人口与生产功能区相互关系上，人口为城市工业、建筑业生产提供人力资源，生产功能区为城市人口提供工作机会、收入和产品。如果工业发展不足，生产功能区发育不足，城市人口过多，则可能导致城市失业率上升；如果城市人口不能满足城市生产的需要，则可能出现"用工荒"和企业生产劳动力成本上升，这两种情况都属于产城分离现象。

在城市人口与服务功能区关系上，前者为后者提供人力资源，后者为前者提供工作机会、收入和生活服务。如果相对于城市人口的需求量，生活性服务业及其相应载体供给不足，则可能出现居住价格过高、购物不便、娱乐康体价格上涨等现象。如果生活性服务业发展过多，生活性服务功能区相对于城市人口过大，则可能出现住房空置率升高、生活性服务用地效率降低等问题。

在生产功能区与服务功能区的关系上，一方面，生产功能区为服务功能区输送物质产品，并提出发展服务功能区的需求，形成城市发展的基础动力，同时又产生一定的污染，可能对服务功能区形成一定消极影响；另一方面，服务功能区对生产功能区发展形成服务支撑，包括生活服务业、公共服务业通过为生产就业人员及其眷属提供居住、商业、就医、教育、养老、娱乐等生活服务，生产性服务业、公共服务业为生产提供研发、设计、咨询、物流、人力资源、金融等生产性服务。

在生产功能区与服务功能区相互关系上的产城融合，就是二者数量上比例均衡、空间上布局合理，形成相互支撑的关系。如果生活服务功能区发展不足，尤其是其中面向中低收入人群的居住区供给不足，则生产功能区就业人口及其眷属难以获得保障性住房，不得不承受相对较高的居住成本，或者到条件落后的远郊居住。如果生产性服务功能区发展不足，则生产功能区获得研发设计、金融和咨询等生产性服务的难度将会提高。

合理的空间布局——生产功能区与服务功能区之间根据污染规避边际效用和交通边际成本平衡原则确定合意距离——是非常重要的。生产功能区（各种形式的工业园）一般会形成一定的空气、噪声、粉尘、污水等工业污染，甚至存在一定安全隐患，因此服务功能区倾向于和生产功能区保持一定空间距离。距离越远，则能够获得越高的污染规避效用；如果距离远到完全免受生产功能区的污染影响，则其污染规避效用不再增加。这种规避效用随距离增加而实现的增加量是递减的，也就是说它的边际效用是递减的。比如说，在服务功能区与生产功能区零距离时，离开1公里布局服务功能区带来的污染规避边际效用是很大的；当服务功能区与生产功能区已经距离很远时，再远离1公里带来的污染规避效用会远远小于前者。所以我们在图2-2中能看到一条随距离递减的污染规避边际效用曲线。而随着服务功能区与生产功能区之间距离的增加，后者获得前者服务的交通成本会随之增加。这种交通成本在现实中表现为生产功能区为获得服务功能区的居住服务而支付的通勤成本，生产功能区居住人员为获得服务功能区的商业、娱乐、教育、医疗等生活服务或公共服务而支付的交通成本，生产功能区的企业为获得服务功能区的生产性服务和公共管理与公共服务而需支付的交通成本。通常情况下，人们在交通中随着距离增加痛苦程度会加速提高，自驾车交通甚至会随着距离增加使疲劳度加速增加进而使事故概率加速增加，所以图2-2呈现了一条随距离递增的交通边际成本曲线。根据边际效用与边际成本相等的优化原则，我们可以发现生产功能区与服务功能区之间的合意距离为D_1点，在该点上，人们所享有的净效用能够实现最大化[1]。

---

[1] 微观经济学生产理论告诉我们，边际收益等于边际成本时可实现厂商利润最大化，这里同理。

2 工业园产城融合的内涵与外延

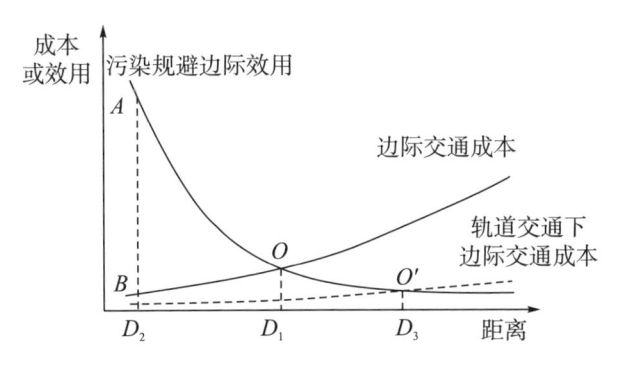

图 2-2 生产功能区与服务功能区的合意距离

有的学者和实践工作者错误地理解产城融合，以为将生产功能区和服务功能区在空间上布局在一起——比如图 2-2 中 D_2 点——就是产城融合。其实，在生产功能区存在明显污染、污染规避边际效用曲线不变的情况下，D_2 点代表的福利水平远远低于 D_1 点——污染规避边际效用曲线与横轴之间的面积代表人们随距离增加所能获得的累积效用，边际交通成本曲线与横轴之间的面积代表人们随距离增加所需承担的累积成本，所以 D_1 点对应的累积净效用为污染规避边际效用曲线、边际交通成本曲线与纵轴三线围合的图形（以 O 为顶点）面积，D_2 点代表的净效用（福利水平）和 D_1 点之间的差距可以表示为图形 ABO 的面积，在 D_2 点生活居住的人们面临着突出的健康和安全威胁。

如果在生产功能区与服务功能区之间建设地铁、轻轨等轨道交通，和一般公共交通相比，由于其舒适性大大增加，人们在同等距离乘车过程中所需承担的生理性成本（交通中的不适感等）明显降低，同时交通费用的增长幅度一般是微小的，我们能够得到一条比一般边际交通成本更低、增长速度更缓慢的边际交通成本曲线。在生产功能区污染水平不变的情况下，服务功能区与生产功能区之间的合意距离可以增加到 D_3，在工业园工作且满足该点距离条件居住的人们可以获得的累积净效用在图中表示为污染规避边际效用曲线、轨道交通下边际交通成本曲线和纵轴围合的图形（以 O' 为顶点）的面积，大于 D_1 点对应的福利水平。同时，$O'<O$，交通成本更低；$D_3>D_1$，D_3 受生产功能区负面影响更小，也就是说，在这个位置上服务功能区可以在更低的交通成本上更少受到生产功能区的污染影响，生产功能区的就业人口、企业可以通过付出更低的交通成本而享受到母城的生活服务和生产服务；或者，在不改变生产功能区与服务功能区原有距离 D_1 的情况下使得二者之间的交通成本大大降低。

总之，产城融合应理解为城市人口、生产功能区和服务功能区三者之间协调均衡、布局合理、互相支撑的关系，包括生产功能区集约、服务功能区集

31

约、城市人口与生产功能区融合、城市人口与服务功能区融合、生产功能区与服务功能区融合等内容。我们尤其需重视工业污染在其中的影响，在布局生产功能区与服务功能区时，根据污染规避边际效用和交通边际成本相等原则确定合意的距离。

2.3.3 产城融合型工业园的三种类型

基于上述对产城融合内涵和外延的界定，我们可以把产城融合型工业园分成三种类型（参见图2-3）。

```
                         ┌─→ 功能完备的独立工业镇
产城融合型工业园 ─────────┼─→ 与母城融为一体的绿色工业园
                         └─→ 传统工业妨碍服务功能布局，通过交
                              通优化和信息化由母城提供功能支撑
```

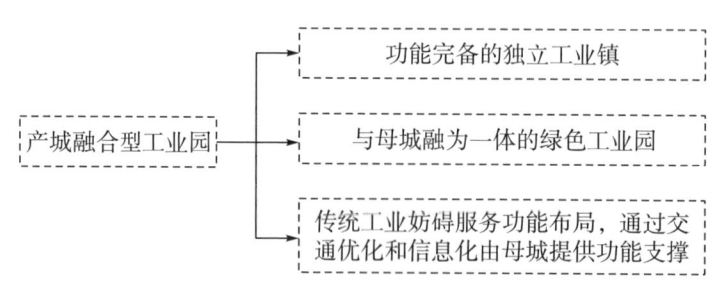

图2-3 产城融合型工业园的三种类型

第一种为功能完备的独立工业镇（或工业新区），工业园为该镇的生产功能区，为其服务的居住功能区布局于镇的中心位置，办公、金融、物流等生产性服务功能区布局于生产功能区与生活功能区之间，在一个镇的连片建成区范围内布局上述功能区，彼此相邻，实现了空间融合。此类工业镇可能与母城较远，独立性强，比如上海星火工业园、四川德阳罗江经济开发区等。

第二种为与母城融为一体的绿色工业园，其生活服务、生产性服务可以方便地得到母城支持，且工业园已实现高技术绿色发展，对母城产生的污染和安全影响很小，比如成都高新技术开发区三环路以内的制造业园、苏州工业园等。

第三种产城融合型工业园为通过便捷交通和信息化设施快速联结母城的传统工业园。它的工业污染和安全隐患比较大，所以不能与母城融为一体，也没有紧邻的建制镇，但它与母城之间建有快捷便利的轨道交通，住在市区的工业园就业者可以仅支付较低的通勤综合成本，母城的生产性服务也可对工业园的需求实现快速反应，比如上海闵行经济技术开发区等。

3 工业园产城融合评价[①]

工业园产城融合评价是认识其现状、问题、经验的重要工作。本章拟通过构建产城融合评价指标体系，基于国家级经济技术开发区样本数据进行产城融合评价。

3.1 工业园产城融合评价指标体系

3.1.1 产城融合的一般评价指标体系

城市有三个基本要素，分别是产业、人口[②]、载体，产城融合应理解为城市的三个基本要素之间的协调融合，核心要义在于，城市生产功能区与服务功能区之间的布局需遵循合意距离的原则。基于此认识，笔者构建了包括3个层级的工业园产城融合评价指标体系（参见表3-1）。其中，一级指标包括生产功能区集约度、服务功能区集约度、城市人口与生产功能区融合度、城市人口与服务功能区融合度、生产功能区与服务功能区融合度5个指标。

[①] 除课题负责人外，刘璐瑶、李文、王雪纯、李兴桂、莫紫旋、王哲坤、吴祥云、罗瑶瑶、李丁垚对本章数据采集、整理或写作有贡献。

[②] 包括在城市工作生活的农业转移人口、在城市工作在城市郊区生活的人口。

表 3-1 产城融合评价指标体系

一级指标	二级指标	三级指标	备注
生产功能区集约度（产地融合）	工业用地效率	投资强度	—
		就业密度	—
		地均产出	—
服务功能区集约度	服务业用地效率	商业服务业用地地均产出	房地产开发经营业营业收入除外
		仓储物流用地地均产出	—
	公共管理土地和建筑使用效率	人均公共管理用地面积×人均公共管理建筑面积	按常住人口计算；负向指标
城市人口与生产功能区融合度	产业对人口的支撑度	失业率	调查失业率；负向指标
	人口对产业的支撑度	平均招聘时间	负向指标
		员工平均流失率	负向指标
城市人口与服务功能区融合度	生活服务支撑度	商品房价收入比	负向指标
		保障房供需比	负向指标
	公共服务充足率	人均公共服务建筑面积	—
生产功能区与服务功能区融合度	生产服务功能区对生产功能区支撑度	生产性服务本地化率	—
	生产功能区与生活服务功能区协调度（产住融合）	对工业污染和安全隐患有效规避距离的公交成本	负向指标
		就业者职住平衡率	—

生产功能区集约度包括1个二级指标和3个三级指标，其中工业用地地均产出是衡量工业用地效率的最直接指标，工业用地投资强度可以反映工业用地效率未来增长的可能性大小。鉴于中国作为第一人口大国，就业问题具有突出的社会意义，尽管工业在朝着智能化方向前进，仍然把工业用地就业密度作为衡量工业用地效率的指标之一。

服务功能区集约度包括2个二级指标和3个三级指标。由于商务服务业和生活服务业在空间上难以分割，所以统一用商业服务业用地地均产出衡量其用地效率；由于服务业一般为劳动密集型和知识密集型，不像工业生产那样易受自动化方式影响而降低就业密度，服务业地均产出一般能够反映服务业就业密度，所以在这里不出现该指标。公共管理业根据《国民经济行业分类标准》属于服务业，公共管理用地及建筑上没有直接产出，需严格按中央精神控制楼堂馆所，杜绝铺张浪费，所以用"人均公共管理用地面积×人均公共管理建筑面积"衡量公共管理土地和建筑使用效率。

城市人口与生产功能区融合度包括2个二级指标和3个三级指标。如果产业对城市人口形成了高支撑度，则失业率较低；反之则失业率会较高。在城市人口（含农业转移人口）对产业发展支撑三级指标方面，平均招聘时间指企业从开始招聘各岗位到完成该岗位招聘的平均时间。这个指标数值越大，表明城市人口对产业发展的支持力度越弱。之所以考虑这样的指标，是因为"城"绝不只是冷冰冰的土地和建筑，它包括"人口"这个核心要素，"城"对产的支持和服务，包括城市人口对产业发展的支撑。一座城市如果对包括农业转移人口在内的一般劳动者的住房、医疗、教育、养老等方面保障不足，甚至限制简单劳动力进城工作及落户，将使城市劳动力市场供求失衡，职工平均招聘时间延长，员工平均流失率上升。

城市人口与服务功能区融合度包括2个二级指标和3个三级指标，主要衡量生活性服务、公共服务对城市人口的支撑度。其中，商品房价收入比可以衡量中等以上收入人群对商品房的购买能力，相应地反映商品房对于中等收入以上城市居民住房需求的满足度，其计算方法为"一、二手商品房单位面积均价÷城市职工收入中位数"。保障房供需比计算公式为"保障房数量÷城市常住中低收入人数"。在公共服务充足率上，很多学者通常采用医院床位、学位等指标，而数据获得难度也随指标增多而增加，基于评价有效和数据可获得性的平衡考虑，采用人均公共服务建筑面积衡量公共服务充足率。

生产功能区与服务功能区融合度包括2个二级指标和3个三级指标。其中，生产性服务本地化率指企业购买本地生产性服务支出占企业全部生产性服务购买支出的比重。这个比率越高，表明本城市供给的生产性服务越充分，本地企业获得生产性服务越便捷，生产服务功能区对生产功能区支撑度越高。

生产功能区与生活服务功能区协调指二者之间可能存在的损害最小化，其协调度的理想评价指标是生产功能区与服务功能区之间的距离所对应的污染规避边际效用和边际交通成本，如果二者的差等于0，则其布局达到合意距离，比非合意距离布局的协调度高，比如图2.2中D_1点比起D_2点布局方式，生产功能区与服务功能区的协调度更高，从而产城融合度更高。如果不同城市的生产功能区与服务功能区布局都实现了合意距离，则观察合意距离对应的污染规避边际效用（或交通边际成本）值的大小，其值更小的城市的生产功能区与服务功能区协调度更高。如同图2.2中以D_3点为合意距离的城市比D_1点的城市在生产功能区与服务功能区合理布局性、协调性上更优。

工业园产城融合
关键因素及影响机制

我们以"工业污染有效规避距离"为城市生产功能区与生活服务功能区之间的合意距离,以该距离的交通成本作为衡量生产功能区与服务功能区协调度的重要指标。工业污染有效规避距离指污染规避边际效用为 0[①] 的最短距离,也可称为工业污染显著辐射距离。这个距离的交通成本越低,则生产功能区与服务功能区的融合度越高;反之则二者融合度越低。有的城市工业园污染有效规避距离更长,相应地,工业园与母城距离更长,但由于建立了发达的轨道交通,公共交通成本更低,该工业园的产城融合度因此却更高[②]。如果工业园消除了污染,生产功能区与服务功能区之间的合意距离将降低为 0,工业园与主城区实现无缝衔接,完全相容,大大提高产城融合度。

其中,公共交通成本为综合成本,其计算方法:对各工业园的三项交通指标(痛苦指数、费用、时间)进行比较评分,然后对它们赋予合理权重计算综合得分。比如可认定步行痛苦系数为 0.4,公共汽车为 0.3,快速公交系统(BRT)和有轨电车为 0.2,地铁为 0.1,交通痛苦指数 = $\sum$ 距离$_i$ × 痛苦系数$_i$,其中 i 表示第 i 种交通方式。

以公交距离时间和费用为计算依据,理由有三。①发展公共交通是城市交通的主导方向,以公交方式计算通勤成本,可以为公交发展提供一些参考。②有的职工实际上采用自驾车、自行车、骑电瓶车等方式上下班,但其通勤成本与相应的公交通勤成本相关性也会很强。比如,自驾车通勤时间与普通公交车通勤时间一样,都受到城市交通条件的影响,自驾车的痛苦指数比公交车低得多,但费用又比后者高得多,可以互相抵消;又如,骑电动车的时间比普通公交车更快,甚至更为舒适,但在雨天的舒适性却糟得多,也可大致抵消。③每个职工各自通勤方式的数据难以获得,且可能不稳定,统一采用公交通勤成本计算便于直接比较。

对于工业园的工业污染的测量,一个设想是采用工业园或距工业园最近的空气质量监测点的数据除以城市平均空气质量的方式进行,空气比值变量可以消除地区性因素对园区和母城空气质量造成的影响,可以衡量园区是否对母城整体空气质量形成负面影响。一般来说,这个观察值越低,则工业园污染越强。对于同样的职住比,空气比值较低的区域视为产城融合度较低,因为这表

---

① 造成这种情形的原因在于,一方面,随着距离增加,该工业园的污染影响已显得不那么突出;另一方面,城市可能还受到来自其他方向的污染。

② 同时,更多的工业园职工会居住在工业园污染显著辐射距离之外的主城区,居住地污染影响更轻,产城融合度更高。

明产业发展对于城市载体和人口形成了较强的副作用。同时,工业园噪声污染、频繁的大吨位货车出入等安全隐患也是值得关注的问题,但其数据获得性问题可能使该项评价工作难以顺利进行。

生产功能区与生活服务功能区协调的另一个评价指标是就业者职住平衡率。如果协调度高,则生产功能区周边通常可布局充足的生活功能区——以居住功能区为主导,则生产功能区的职工选择就近居住的概率显著提高,即就业者职住平衡率会更高。因此,我们可以通过就业者职住平衡率评价生产功能区与服务功能区的协调度。

3.1.2　工业园产城融合评价的特殊性:产住融合与产地融合

上述指标体系旨在从城市整体上考察生产功能区、人口、服务功能区之间的相互关系,工业园产城融合课题所需讨论的范围有所缩小——主要讨论工业园内部与周边板块的融合问题。出于突出重点的要求和数据可获得性,我们拟主要讨论产住融合与产地融合指标。

产住融合即生产功能区——工业园与以居住区为主的生活服务功能区协调,其中,由于工业污染和安全隐患数据的可获得性限制,笔者着重通过就业者职住平衡率探讨产住融合程度。产地融合即生产功能区集约,也就是工业与其载体——工业用地相融,呈现合意的工业用地效率。

工业园周边和内部常常会布局一些生产性和生活性服务功能区,但鉴于服务业产值的流动性,在上述区域注册的服务业实现产值的范围往往并不限于该区域,且他们的收入中并不一定包含服务工业园的收入,这在生产性服务业中更为突出;同时,服务工业园的生产性服务功能区的范围难以划定,其数据的可获得性很差。所以讨论服务功能区集约度、生产性服务功能区对工业园的支撑度显得较为次要却难度极大[①]。而集中讨论产住融合与产地融合问题,包括在产住融合中讨论城市人口与工业园、与服务功能区的融合问题,研究可行性更强,而且产城融合研究的现实意义得到了较大程度的保留。

因此,我们从产城融合评价指标体系中选取了产地融合和产住融合两方面指标,形成工业园产城融合评价指标体系(参见表3-2)。在工业用地投资强度具体计算方式上,由于无法获得完整的固定资产投资数据,采用单位工业用地注册资本和单位工业用地实缴资本的加权平均值计算,其中注册资本和实缴资本的权重各占50%,而工业用地面积用地图上拾取的工厂区面积衡量(下同),

---

① 我们将在第6章围绕这个问题开展初步的理论探索。

这种衡量方式不一定准确，但能真实反映各工业园工业发展实际用地状况。在就业密度指标计算方式上，由于无法获得企业完整的就业数据，按工业园单位工业用地上工业企业缴纳社保人数衡量，这种衡量方式会低估实际就业密度，不过，这个假定——各个工业园的工业就业密度被低估的程度大概一致——是可以接受的，因此按此方式衡量的各个工业园工业就业密度是可比的。

表3-2　工业园产城融合评价指标体系

一级指标	二级指标	三级指标	指标计算公式
产地融合（生产功能区集约度）	工业用地效率	投资强度	0.5×单位工业用地注册资本＋0.5×单位工业用地实缴资本
		就业密度	工业企业缴纳社保人数/工业用地面积（工厂区）
		工业产出强度	工业增加值/工业用地面积
	服务业用地效率	服务业产出强度	服务业增加值/服务业用地，其中服务业用地面积＝建成区－工厂区－绿地水域－住宅区
		服务业就业密度	服务业就业密度＝服务业企业缴纳社保人数/服务业区面积
产住融合	居住环境协调度	居住区配套 z_r	＝人均居住区面积标准化值×0.5＋居住区占建成区面积比例标准化值×0.5	居住环境协调度计算方法：$\|z_r+z_a-1\|$，逆向指标
		空气质量综合指数 z_a	＝工业园AQI标准化值×0.5＋（工业园AQI÷工业园所在城市AQI）标准化值×0.5。其中，工业园AQI为其内部或距离最近的空气监测点呈现的AQI，逆向指标
		轨道交通配套	"轨道交通站点数量/经开区建成区"极差标准化

注：人均住宅建筑面积是衡量居住配套的一个适宜指标，但各工业园都存在较多无法在网络上查询信息的楼盘，所以我们后文退而求其次采用从地图测量的住宅区占地面积作为衡量经开区居住配套情况的替代指标。

较多工业园在发展工业的同时也承载了服务业的发展，产地融合的另外一个二级指标是工业园服务业用地效率，它包含两个三级指标：服务业产出强度和就业密度。服务业产出强度用地均服务业增加值衡量，其中存在"工业园服务业用地＝工业园建成区－工厂区－绿地水域－住宅区"，这种方式确定的工业园服务业用地面积也是粗略的，不过，各工业园采用同样计算方式，也是可比的。服务业就业密度则用"工业园服务业企业参加社保人数之和÷工业园服务业用地面积"衡量。我们没有把服务业投资强度作为评价指标，原因在于服务业企业大多采用轻资产模式经营，服务业投资强度对于企业经营绩效以及用地效率的影响不突出。

在产住融合指标计算上，主要考虑两个二级指标：居住环境协调度、轨道交通配套。其中，居住环境协调度指工业园中的居住区与其外部环境——工业区的空气环境之间的协调度，其值等于 $|z_r+z_a-1|$。其中 z_r 指工业园的居住区配套，等于"人均居住区面积标准化值[1]×0.5+居住区占建成区面积比例标准化值×0.5"。z_a 表示工业园空气质量综合指数，令其等于"经济技术开发区 AQI 标准化值×0.5+（经济技术开发区 AQI÷经开区所在城市 AQI）标准化值×0.5"，取值为 [0, 1] 区间。工业园空气质量综合指数 z_a 可反映经济技术开发区对周边环境的部分影响，为逆向指标，其值越小，表明经济技术开发区空气质量绝对数和相对所在城市空气质量平均水平越好，更加适宜居住，反之则反。

居住环境协调度 $|z_r+z_a-1|$ 为逆向性质指标，取值越趋近 0，表示协调性越高，反之则反。当其趋近 1，则 z_r 和 z_a 同时小或同时大，代表居住区与工业区环境协调度低，其两种极端情形为：①z_a 和 z_r 值同时达到极高值 1，$|z_r+z_a-1|$ 达到极大值 1，即工业园空气质量绝对数[2]极差且相对全城也极差，但配套居住区面积占工业园建成区比例极大，工业园配套人均居住空间（占地面积，下同）极大，大量居住空间遭受工业发展负外部性影响，居住与环境不协调；②z_a 和 z_r 值同时达到极低值 0，$|z_r+z_a-1|$ 达到极大值 1，即工业园空气质量绝对数高且相对全城也极高，但配套居住区面积占工业园建成区比例极小，工业园配套人均居住空间极小，环境适宜配置却没有配套足够居住空间，使得居住配套不能满足产业发展需要，也是产住失调。

若 $|z_r+z_a-1|$ 小，则 z_r 和 z_a 二者反向变动，代表居住环境协调度高：①z_a 趋近 0，z_r 趋近 1，即工业园空气质量绝对数极高且相对全城也极高，配套居住区面积占工业园建成区比例极大，工业园配套人均居住空间极大，工业发展与居住配套良性互动，工业园居住环境协调；②z_a 趋近 1 而 z_r 趋近 0，即工业园空气质量绝对数差且相对全城也极差，配套居住区面积占工业园建成区比例极小，工业园配套人均居住空间极小，转而在距离工业园较远的地方（比

---

[1] 极差标准化，取值 0~1，下同。
[2] 请注意这里的绝对数不是指空气质量指数 AQI 的绝对数，下同。

如母城）补充配套居住空间，使工业发展对环境的负外部性尽量更少传导到居住空间，也属于居住环境协调；③居住区配套得分与空气质量综合指数之和趋近于 1（即 $z_a + z_r \to 1$）条件下，z_a 与 z_r 按其他中间状态取值。

3.2 工业园产城融合数据

我们拟根据必要性和可行性原则选取部分国家级工业园——经济技术开发区开展产城融合评价，以揭示工业园产城融合工作的先进经验和可能存在的不足，同时，评价过程与结果还将检验评价指标体系的合理性与可推广性。

3.2.1 数据采集与处理

采集评价对象的数据是评价工作的基础性环节，包括七步：①选定国家级工业园（经济技术开发区）评价对象；②确定评价对象地理范围；③界定经济技术开发区内工厂、绿地水域、未建成区范围；④查找经济技术开发区内企业数据；⑤获取经济技术开发区内住宅数据；⑥获取经济技术开发区内与全城空气质量指数；⑦获取经济技术开发区内交通站点数据。

（1）选定经济技术开发区产城融合评价对象。

我们首先根据典型性和可行性原则选择了 23 家经济技术开发区作为工业园产城融合评价对象。《中国开发区审核目录公告目录（2018 年版）》数据显示，截至 2018 年底，我国有国家级开发区 552 家，省级开发区 1991 家，其中经济技术开发区 219 家，高新技术产业开发区 156 家，海关特殊监管区域 135 家，边境/跨境经济合作区 19 家，其他类型开发区 23 家。课题组根据典型性和资料可得性原则选定了拟纳入产城融合评价的 23 家经济技术开发区样本个体。资料可得性主要考虑经济技术开发区规划图的可得性、经济发展数据的可得性。《中国开发区年鉴（2020）》披露了经济发展数据，又能够通过公开渠道查找到规划图的经济技术开发区名单，课题组最终选定武汉、惠州大亚湾、昆明、临沂、南通、连云港、张家港、如皋、昆山、郑州、长春、天津、库尔勒、海安、宁国、北京、成都[①]、宁波大榭、邹平、龙岩、嘉善、汉中、泉州经济技术开发区等共 23 家国家级经济技术开发区作为评价对象。

[①] 鉴于数据可得性与匹配性，成都经济技术开发区只有其大面街道片区纳入评价，该片区为成都经济技术开发区的核心片区，本章所称成都经济技术开发区仅指代其大面街道片区。

3 工业园产城融合评价

(2) 在地图上确定样本经济技术开发区范围。

经济技术开发区规划图呈现了经济技术开发区地理范围，为此我们登录经济技术开发区官网或公众号查阅该经济技术开发区规划图，或查询经济技术开发区相关规划部门联系方式，在其帮助下获取规划图。为确认通过公开渠道获取的规划图的真实性，课题组登录中华人民共和国自然资源部网站查询了全国开发区四至公告，比对了经济技术开发区四至范围和边界形状。

根据规划图确定的地理范围，我们拾取了样本经济技术开发区边界顶点坐标。在便民查询网高德卫星地图中，我们根据样本经济技术开发区规划图的地理标志信息辨识了经开区的地理范围，对其边界顶点进行坐标拾取。该网站集成了高德地图、百度地图、腾讯地图、天地图等地图信息，便于比较辨识。经咨询高德地图客服人员，我们获悉高德地图更新地理信息的周期为半年，时效性强，所以我们主要以高德地图作为课题研究所需地理信息来源。

坐标拾取具体步骤为：选定经济技术开发区所在城市，对比规划图以水域、道路等显著性标识确定经济技术开发区边界顶点坐标，从经济技术开发区范围的最东处开始逆时针对其边界顶点编号并拾取其坐标（示例参见表3-3），在地图上呈现出经济技术开发区四至范围。

表3-3 北京经济技术开发区坐标拾取部分示例

经济技术开发区名称	顶点编号	经度	纬度
北京经济技术开发区	2/1	116.593694686889	39.7775400221545
北京经济技术开发区	2/2	116.566790061568	39.8058337127532
北京经济技术开发区	2/3	116.563310623168	39.8012829059164
北京经济技术开发区	2/4	116.552753448486	39.7962052557995
北京经济技术开发区	2/5	116.532583236694	39.8201394667626
北京经济技术开发区	2/6	116.512670516967	39.8113711500501
北京经济技术开发区	2/7	116.502628326416	39.8184254477015
北京经济技术开发区	2/8	116.476020812988	39.8052392565111
北京经济技术开发区	2/9	116.478853225708	39.8024698349971
北京经济技术开发区	2/10	116.470527648925	39.7974582172923
北京经济技术开发区	2/12	116.492757797241	39.7848616184177
北京经济技术开发区	2/13	116.483144760131	39.7802444862761
北京经济技术开发区	2/14	116.495332717895	39.7737140133473

续表

经济技术开发区名称	顶点编号	经度	纬度
北京经济技术开发区	2/15	116.493530273437	39.7645439197561
北京经济技术开发区	2/16	116.481084823608	39.7655995323052
北京经济技术开发区	2/17	116.486663818359	39.7322739560859
北京经济技术开发区	2/26	116.503314971923	39.7116766334180
北京经济技术开发区	2/27	116.532339864756	39.7147385924770
北京经济技术开发区	2/29	116.530622866242	39.7422610182087
北京经济技术开发区	2/30	116.547775268554	39.7675787622142
北京经济技术开发区	2/32	116.575155258178	39.7733182071942

（3）拾取经济技术开发区内工厂、绿地水域、未建成区多边形顶点坐标并计算其面积。

首先，我们主要通过高德地图拾取经济技术开发区内工厂、绿地水域、未建成区多边形顶点坐标；其次利用 Excel 编辑公式批量计算上述多边形面积。坐标拾取工作具体包括以下方面。

第一，拾取经济技术开发区工厂坐标。在已界定的经济技术开发区范围内，根据卫星地图呈现的建筑特征，识别经济技术开发区内的诸多工厂区域，对其多边形顶点编号并拾取坐标。该过程中对于连片的多个工厂作为一个工厂区多边形拾取坐标，其间注意避开物流区、购物中心等非工厂区域。工厂区内的办公楼一般属于制造企业的办公载体，建设与工业用地也一并计入工厂区。

第二，拾取经济技术开发区绿地水域坐标。在已界定的经济技术开发区范围内，利用便民查询网高德电子地图或百度电子地图，对其中绿色、蓝色区域进行坐标拾取，为后续计算绿地水域等生态空间面积做出准备。其间对存在疑问的地块，我们也利用卫星地图做了比对。

第三，拾取经济技术开发区未建成区坐标。在已界定的经济技术开发区范围内，避开工厂、住宅、水域绿地等建筑区域，只针对连片空地进行坐标拾取。有的空地已经完成道路、地下管网等城市基础设施建设，在城市规划和建设领域属于建成区，但地块上没有进行生活或生产活动，为了更加准确地呈现投资强度、地均产出等情况并进行比较，我们将上述地块连同经济技术开发区内名义上的未建成区一起作为未建成区对待。

(4）获取经济技术开发区内企业数据。

根据已经掌握的经济技术开发区边界信息在企查查网站中的千寻地图程序中定位经济技术开发区，可以呈现出该开发区内的所有企业。保留登记状态为存续的企业，剔除企业类型为集体所有制、个体工商户的企业，对企业注册资本或成立年限等分类分批次导出企业数据。企查查网站无法查到企业实收资本，为此我们在天眼查网站导入企查查筛选后的企业，导出企业实缴资本等信息。

根据经济技术开发区内企业数据分类计算各个经济技术开发区注册资本、实缴资本、参保人数之和。有的企业注册资本、实缴资本单位为外币，我们通过汇率换算统一为人民币，汇率信息参见表3-4。

表3-4 汇率换算

货币种类	人民币	港币	欧元	日元	英镑	新加坡元	马克	美元	法郎
汇率	1	0.8602	6.8909	0.0506	8.2097	4.8815	11.6273	6.7442	7.1124

注释：我们在2022年7月21日开展了汇率换算工作，便选用了当日汇率。

数据来源：中国人民银行。

(5）获取经济技术开发区内住宅区占地面积数据。

人均住宅建筑面积适宜衡量居住配套，但各经开区都存在较多无法在网络上查询信息的楼盘，所以我们退而求其次，采用从地图测量的住宅区占地面积衡量经开区居住配套情况，这里的住宅区占地面积指住宅小区外围道路围合的占地面积，与已经实际利用的住宅用地面积相近。利用小O地图软件兴趣点查询功能，在地图中绘出经济技术开发区多边形边界，查询住宅数据，可获取开发区内全部住宅名称、类型等基本信息。将数据进行简单处理，筛选住宅小区及别墅，在房天下、链家、安居客等房地产行业信息网站利用数据提取软件获取住宅基本信息——占地面积、建筑面积、容积率。有的楼盘用地面积缺失，我们使用"建筑面积÷容积率"得到该数据。有的小区（主要为老旧小区）无法从上述网站查询到用地面积数据，课题组利用便民查询网拾取其占地多边形顶点坐标，然后计算出其用地面积。对小O地图导出所有小区的占地面积进行整理后，进行汇总求和，计算该经济技术开发区全部住宅的用地面积。

(6）获取空气质量指数数据。

我们通过真气网查询了经济技术开发区范围内空气监测站以及经济技术开发区所在城市全部监测点2021年度空气质量指数。对于经开区内部有空气质量监测点的,以其空气质量指数(AQI)衡量经开区空气质量;对于经开区内部有一个以上空气质量监测点的,采用其空气质量指数(AQI)均值;对于经开区内部没有空气质量监测点的,则采用距离其最近的空气质量检测点数据。对于经济技术开发区所在城市的空气质量,则用城市全部监测点 AQI 均值予以衡量。

(7) 获取轨道交通站点数据。

我们利用小O地图的兴趣点查询功能,在其中根据各经济技术开发区边界顶点绘制多边形,查询到多边形内部的轨道交通站点,导出该数据,即得到经济技术开发区内的轨道交通站点。

(8) 工业园产城融合三级评价指标计算。

生产功能区集约度包括2个二级指标和4个三级指标,其中亩均工业产出是衡量工业用地效率的最直接指标,工业用地投资强度可以反映工业用地效率未来增长的可能性大小。鉴于中国作为人口大国,就业问题具有突出的社会意义,尽管工业在朝着智能化方向前进,仍然把工业用地就业密度作为衡量工业用地效率的指标之一;服务业用地效率采用地均服务业产值进行衡量。

产住融合采用居住配套和交通配套两个指标予以衡量,其中,有的经开区实行区政一体化管理,区内居住空间根据全区人口进行规划,以经开区企业参保人数为基数计算的人均居住占地面积超过一般的经济技术开发区,为此对它们做了缩尾处理。

3.2.2 描述性统计

3.2.2.1 样本经济技术开发区的空间构成和GDP

经济技术开发区面积数据包括规划总面积、未建成区面积、绿地水域面积、住宅区面积、工业区面积、服务业区面积[①]数据。开发区规划总面积根据上述拾取的坐标计算,与部分能够找到规划面积的开发区数据比对,确认我们根据所拾取的坐标计算开发区规划面积的做法是可靠的。服务业用地面积为"规划总面积-(未建成区面积+绿地水域面积+住宅区面积+工业区面积)",地上承载着商业、商务服务业,也承载着公共服务、公共管理服务业[②]。

从开发区面积总体看,比较23个经济技术开发区各部分的面积(参见表3-5)发现,武汉经济技术开发区面积最大,其与武汉汉南区实行"政区合

[①] 本书所指住宅区面积、工业区面积、服务业区面积均指占地面积,不是建筑面积。

[②] 根据国民经济分类标准,包括行政管理在内的公共管理活动也属于服务业。

3 工业园产城融合评价

一"管理体制，开发区面积即汉南区面积；开发区内存在大量的湖泊、河流，以及大片的未建成区，其实际建成区面积为347.12平方公里，仍在各经开区中居于首位。以建成区面积计，惠州大亚湾经济技术开发区、临沂经济技术开发区也达到200平方公里以上。泉州经济技术开发区与汉中经济技术开发区面积在样本经开区中居于末位，实际建成区面积均少于20平方公里。

表3-5 经济技术开发区区域面积

单位：平方公里

经济技术开发区名称	经济技术开发区规划面积	未建成区面积	绿地水域面积	住宅区面积	工业区面积	服务业区面积
天津	91.85	10.39	4.42	14.95	33.41	28.68
北京	62.26	0.00	5.62	15.04	22.46	19.15
南通	190.99	3.99	33.03	20.25	47.93	85.78
昆山	121.05	1.44	5.97	30.31	33.56	49.78
宁国	55.40	4.50	18.25	8.54	21.27	2.84
惠州大亚湾	276.56	4.62	114.85	48.26	48.34	60.48
昆明	153.70	5.73	19.18	51.99	26.09	50.70
宁波大榭	49.46	0.00	11.07	0.72	10.87	26.81
成都大面片区	59.37	14.32	7.67	10.36	8.05	18.98
如皋	96.00	0.00	62.10	4.38	6.93	22.59
泉州	11.18	1.18	1.17	2.29	4.35	2.20
嘉善	21.03	0.51	0.08	4.15	10.31	5.98
邹平	49.98	1.97	3.53	2.55	16.42	25.51
连云港	190.82	61.79	30.04	16.67	35.65	46.68
汉中	15.74	5.05	0.36	2.02	3.53	4.79
库尔勒	104.42	20.21	14.85	1.49	10.80	57.07
张家港	175.44	12.96	17.78	43.78	11.22	89.69
临沂	228.32	18.53	47.18	30.40	26.39	105.83
龙岩	68.21	15.48	17.40	2.84	30.01	2.48
海安	187.66	82.62	0.00	11.27	20.21	73.56
武汉	565.91	218.82	72.05	33.38	40.38	201.27
郑州	161.44	48.17	3.13	20.90	35.58	53.67
长春	103.43	20.86	16.06	21.80	9.14	35.57

从面积结构看，龙岩经济技术开发区住宅区面积仅占7%，工业区面积占

45

建成区面积78%（参见图3-1），属于样本中的极大值。原因可能在于龙岩市坚持"工业立市"发展战略，把推进工业化进程作为提升区域经济综合竞争力的着力点，龙岩经济技术开发区主导产业以机械重工业为主，开发区主要发挥工业生产功能，负外部性比较突出，不利于布局更多生活区域。

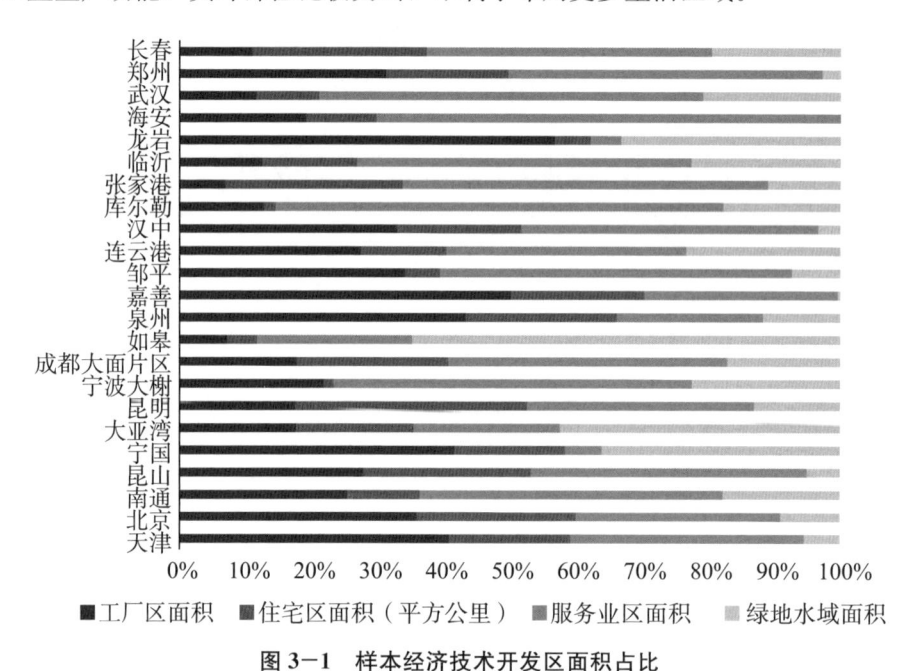

图3-1 样本经济技术开发区面积占比

较多经济技术开发区把发展第三产业放在重要位置，一个主要原因在于其管理机构同时发挥着对较大行政区域的公共管理职能。海安经济技术开发区布局第三产业的空间为73.56平方公里，占该经开区建成区面积比例达到70%；库尔勒经济技术开发区第三产业空间为57.07平方公里，占该经开区建成区面积比例达到68%。第三产业用地面积占经开区建成区面积比例为50%～60%的有宁波大榭经开区、邹平经开区、张家港经开区、临沂经开区、武汉经开区。服务业空间比重高的经开区之中有较多采用了区政一体化管理机制，比如武汉经开区、库尔勒经开区、张家港经开区、海安经开区等，它们与北京经济技术开发区模式不同，其范围大大超过几十平方公里的产业集聚区，同时发挥着对县级行政区、建制镇全域或主要部分的行政区域管理职能，其中包括城镇公共管理和公共服务职能，规划布局服务业发展空间是应有之义。

同时，有的经济技术开发区的服务业区面积比较小，比如嘉善经济技术开发区和泉州经济技术开发区等管辖范围主要是产业集聚区和相关服务配套区，其管理机构不对大范围行政区域行使全面的公共管理和公共服务职能，同时由于其他因素的影响，上述各开发区布局第三产业发展的空间不大。其中，宁国和龙岩经济技术开发区用于发展第三产业的空间不足建成区的 10%。北京经济技术开发区面积 60 余平方公里，为典型的产业集聚区（含居住、服务配套），除了居住相关服务业，其服务业用地空间比例为 31%。

从 GDP 看，查阅《中国开发区年鉴（2020）》可知，地处直辖市、省会城市的经济技术开发区 GDP 更高，处于地级、县级市的经济技术开发区 GDP 较低，天津经济技术开发区和北京经济技术开发区的产出 GDP 值最大，龙岩经济技术开发区最小。东部地区经济技术开发区 GDP 较高，西部地区经济技术开发区 GDP 较低，昆明市经济技术开发区 GDP 产值和东部的昆山、南通、张家港等地级市经济技术开发区 GDP 都存在较大差距，陕西汉中经济技术开发区 GDP 则处于全部样本的倒数第二位。成都经济技术开发区[①] GDP 数据来自大面街道办事处，2019 年该区 GDP 为 376 亿元，其中第二、三产业增加值分别为 284 亿元、92 亿元。从地均产出看，北京经济技术开发区每平方公里 GDP 达到 31 亿元，位居第一；天津和嘉善经济技术开发区每平方公里 GDP 均达到 24 亿元以上，分列第二、三位。

3.2.2.2 样本经济技术开发区"产地融合"三级指标数据特征

关于开发区工业企业实缴资本、注册资本，我们在 2022 年利用地理围栏查询出经济技术开发区内的工业企业，然后通过企查查和天眼查导出工业企业的注册资本和实收资本，观察发现京津地区的经济技术开发区工业企业注册资本、实缴资本均遥遥领先；东部沿海地区内经济技术开发区——比如江苏南通、张家港、山东邹平经济技术开发区工业企业注册资本、实缴资本规模也比较高；中西部地区经济技术开发区工业企业注册资本和实缴资本规模总体不高，比如长春、昆明经济技术开发区工业企业注册资本和实缴资本规模在省会城市中相对落后，陕西汉中、新疆库尔勒经济技术开发区工业企业注册资本和实缴资本规模在地级市中比较落后。

经计算得到样本开发区中工业区投资强度[②]如图 3-2 所示。北京经济技术

---

① 本章所称成都经济技术开发区仅指代其大面街道片区。
② 需要注意的是，由于缺乏工业固定资产投资数据，这里的工业投资强度指标采用了企业注册资本和实缴资本进行计算，这是一种权宜之计，可以在一定程度上衡量开发区工业企业规模，进而衡量工业投资强度，这种方法与真实的工业投资强度存在较大偏差，不过我们可以假定各样本经济技术开发区以这种方法计算的工业投资强度与真实的工业投资强度之间的偏差程度基本一致，则以此权宜之计计算的工业投资强度是可比的。

开发区的投资强度为每平方公里128.11亿元,远高于其他开发区;成都经济技术开发区投资强度为每平方公里17.82亿元,在所有样本开发区里处于第7位,但是和北京经济技术开发区的差距还是很大,有较大增长空间;汉中、连云港、龙岩经济技术开发区处于样本开发区后列,低于每平方公里5亿元。

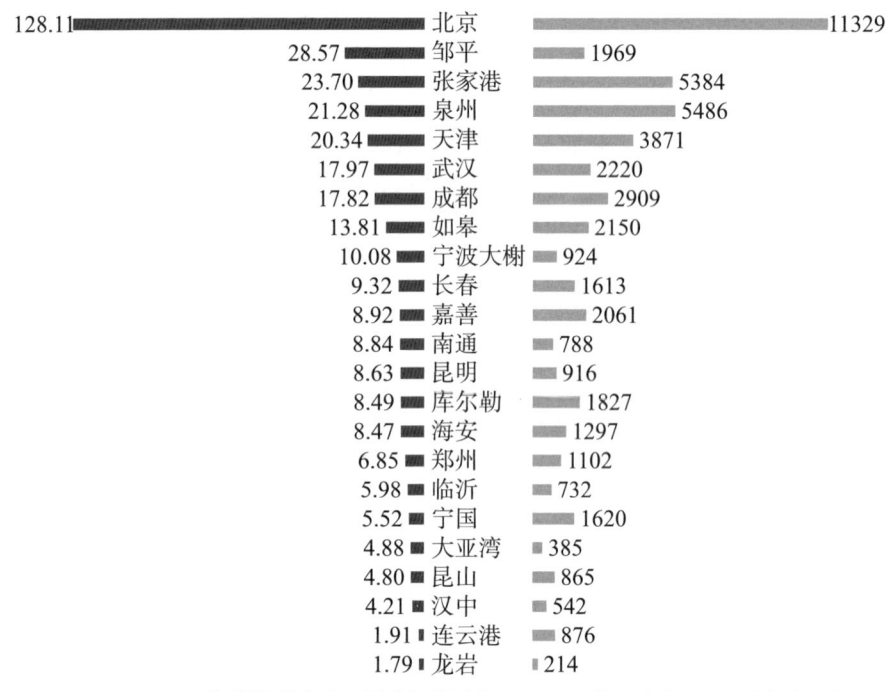

开发区	工业投资强度(亿元/平方公里)	工业就业密度(人/平方公里)
北京	128.11	11329
邹平	28.57	1969
张家港	23.70	5384
泉州	21.28	5486
天津	20.34	3871
武汉	17.97	2220
成都	17.82	2909
如皋	13.81	2150
宁波大榭	10.08	924
长春	9.32	1613
嘉善	8.92	2061
南通	8.84	788
昆明	8.63	916
库尔勒	8.49	1827
海安	8.47	1297
郑州	6.85	1102
临沂	5.98	732
宁国	5.52	1620
大亚湾	4.88	385
昆山	4.80	865
汉中	4.21	542
连云港	1.91	876
龙岩	1.79	214

图3-2 样本经济技术开发区工业投资强度和工业就业密度

注:关于数据来源,面积数据经前述办法手工采集整理而得,注册资本、实收资本、就业(以社保人数计,假定各开发区低估程度一致)数据来自天眼查、企查查。

关于经济技术开发区参保人数,根据企查查和天眼查导出数据,北京、天津等直辖市及湖北武汉、云南昆明等省会城市的经济技术开发区参保人数更多,处于地级、县级城市的经济技术开发区参保人数较少,与GDP值的规律基本相似。在全部样本开发区中,北京经济技术开发区的工业企业、服务业企业参保人数各为254 414人、620 555人,均遥遥领先;龙岩、汉中经济技术开发区企业参保人数最少。成都经济技术开发区大面片区企业2022年总参保人数为60 919人,其中,服务业企业参保人数为37 518人,处于样本开发区的中下水平,不过成都经济技术开发区全部企业参保人数的规模远远大于这个数值。

3　工业园产城融合评价

经计算获得的开发区中工业区就业密度[①]如图3-2所示，北京技术经济开发区工业区就业密度为11329人/平方公里，在所有经济开发区样本中居于首位。泉州经济技术开发区工业就业密度为5486人/平方公里，居于第二位。成都技术经济开发区大面片区工业就业密度为2909人/平方公里，在所有样本开发区里处于第五位，但是仅约为北京经济技术开发区工业区就业密度的1/4，还有极大的发展空间；龙岩经济技术开发区的工业区就业密度为214人/平方公里，远低于其余样本开发区。

用《中国开发区年鉴（2020）》中呈现的各经济技术开发区工业增加值除以其工业区面积，可得到工业产出强度（参见图3-3）。其中，北京经济技术开发区中工业区地均产出为每平方公里56.05亿元工业增加值，在所有样本开发区中最高；如皋、泉州经济技术开发区中工业区地均产出分别为48.88亿元/平方公里、41.07亿元/平方公里，居于第二、第三位。而成都经济技术开发区大面片区工业产出强度居于第六位，其工业区地均产出为35.32亿元/平方公里，需要积极追赶领先经开区；龙岩经济技术开发区工业产出强度也远低于其余样本开发区，工业区地均产出为2.58亿元/平方公里。

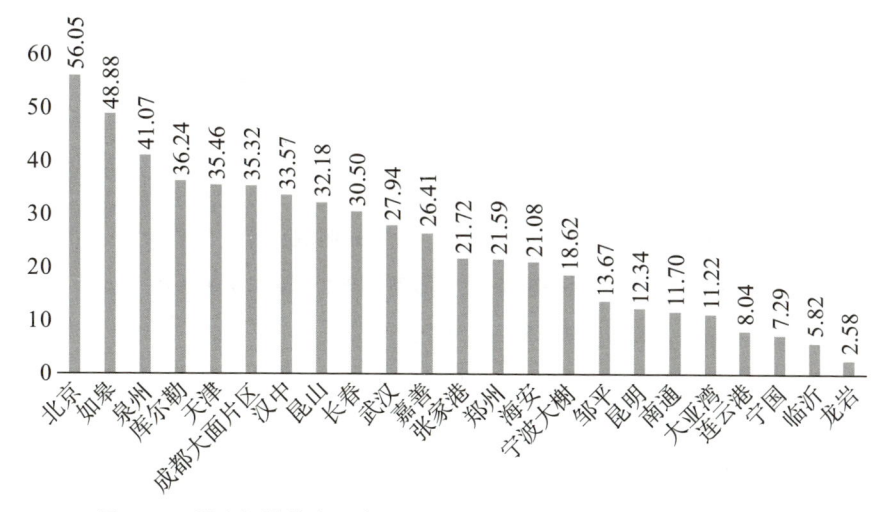

开发区	产出强度
北京	56.05
如皋	48.88
泉州	41.07
库尔勒	36.24
天津	35.46
成都大面片区	35.32
汉中	33.57
昆山	32.18
长春	30.50
武汉	27.94
嘉善	26.41
张家港	21.72
郑州	21.59
海安	21.08
宁波大榭	18.62
邹平	13.67
昆明	12.34
南通	11.70
大亚湾	11.22
连云港	8.04
宁国	7.29
临沂	5.82
龙岩	2.58

图3-3　样本经济技术开发区工业区工业产出强度（亿元/平方公里）

数据来源：面积数据经前述办法手工采集整理而得，工业增加值数据来自《中国开发区年鉴（2020）》。

各开发区的服务业产出强度如图3-4所示。北京经济技术开发区服务区

[①] 严格地说，为工业区工业就业密度，不包括工业区中可能存在的服务业就业人口。此外需注意的是，如上文所述，此处的就业密度为普遍低估数据。

产出强度为每平方公里 34.92 亿元服务业增加值,在所有经济开发区样本中居于第二位;排名第三的天津经济技术开发区(服务区产出强度为 28.70 亿元/平方公里)和北京经济技术开发区非常接近。而成都经济技术开发区服务业区产出强度为 4.83 亿元/平方公里,与北京还有很大差距;龙岩处于所有样本开发区的居中水平,略高于成都经济技术开发区;临沂、库尔勒经济技术开发区中服务业区产出强度居于各样本开发区后列,分别为 0.67 亿元/平方公里、0.35 亿元/平方公里。

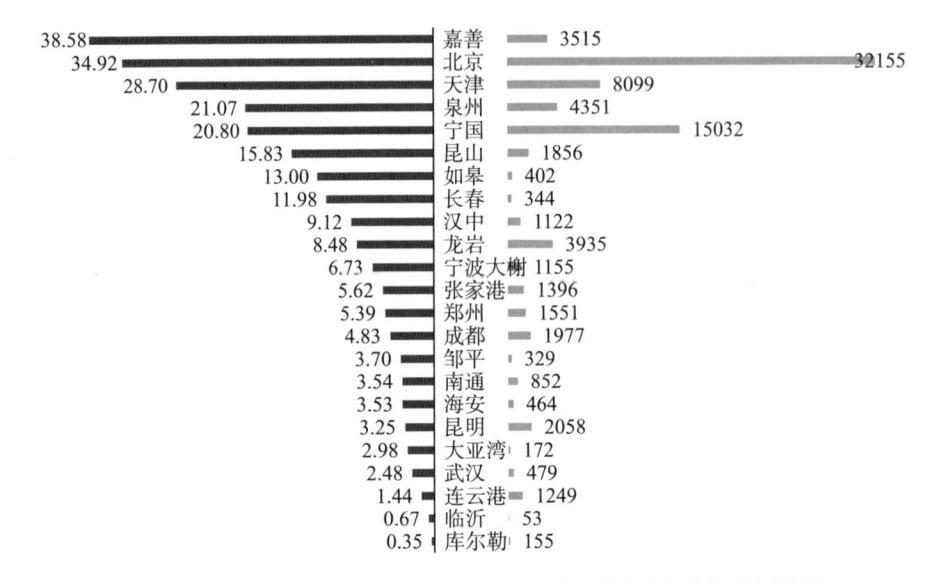

开发区	服务业产出强度(亿元/平方公里)	服务业就业密度(人/平方公里)
嘉善	38.58	3515
北京	34.92	32155
天津	28.70	8099
泉州	21.07	4351
宁国	20.80	15032
昆山	15.83	1856
如皋	13.00	402
长春	11.98	344
汉中	9.12	1122
龙岩	8.48	3935
宁波大榭	6.73	1155
张家港	5.62	1396
郑州	5.39	1551
成都	4.83	1977
邹平	3.70	329
南通	3.54	852
海安	3.53	464
昆明	3.25	2058
大亚湾	2.98	172
武汉	2.48	479
连云港	1.44	1249
临沂	0.67	53
库尔勒	0.35	155

图 3-4 样本经济技术开发区服务业产出强度和就业密度

注:关于数据来源,面积数据经前述办法手工采集整理而得,服务业增加值数据来自《中国开发区年鉴(2020)》,服务业就业(以社保人数计,假定各开发区低估程度一致)数据来自天眼查、企查查。

3.2.2.3 样本经济技术开发区"产住融合"基础指标数据特征

产住融合通过居住区配套、空气质量、轨道交通配套等指标进行衡量,其中居住配套规模由居住区占建成区比例与人均居住区面积决定。从人均居住区面积配套看(参见图 3-5),昆明、长春、临沂、大亚湾经济技术开发区数据畸高[①],做了缩尾处理。北京、宁波大榭、天津经济技术开发区人均居住区配

---

① 可能的原因在于区政一体化管理,这些经济技术开发区的居住区根据行政区域全部常住人口和其他因素规划,仅以经开区企业就业人口为分母,会导致人均居住区面积畸高。

套面积低,在样本经济技术开发区中处于最后几位。其中,北京经济技术开发区的居住区占建成区比例居于前列(样本经济技术开发区中第五位),人均居住区面积过低的原因在于其就业密度遥遥领先。综合居住区占建成区比例与人均居住区面积两个因素,我们根据公式"居住配套得分=居住区占建成区比例标准化值×0.5+人均居住区面积标准化值×0.5"计算出居住配套得分 z_r,取值区间为[0,1]。其中昆明经济技术开发区在两个方面都居第一,居住配套得分 z_r 为满分;宁波大榭经济技术开发区岛屿上居住区占建成区比例最低,人均居住区面积也很低,z_r 为最低分 0.001;受累于人均居住区面积低,北京居住配套得分 z_r 也处于中等偏下水平。

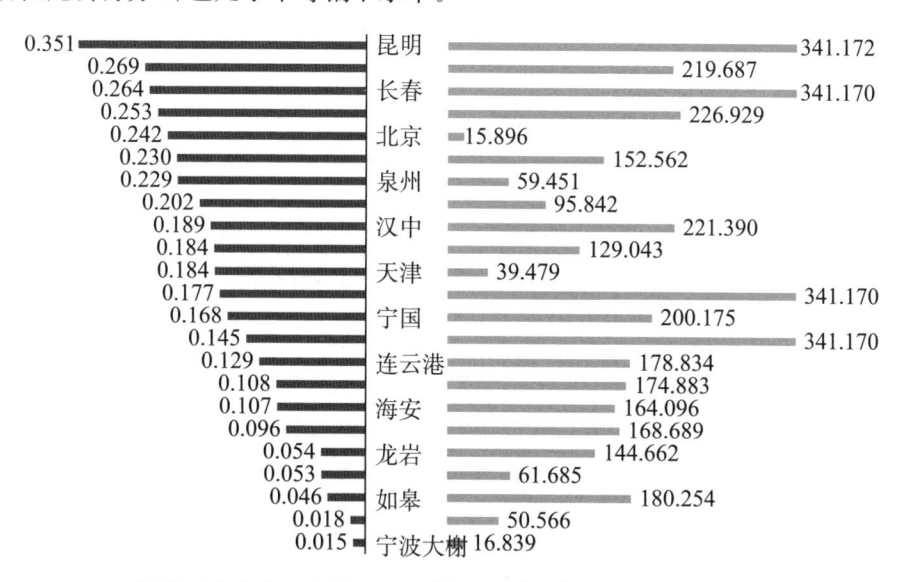

开发区	居住区占建成区比例	开发区人均居住区面积(平方米/人)
昆明	0.351	341.172
	0.269	219.687
长春	0.264	341.170
	0.253	226.929
北京	0.242	15.896
	0.230	152.562
泉州	0.229	59.451
	0.202	95.842
汉中	0.189	221.390
	0.184	129.043
天津	0.184	39.479
	0.177	341.170
宁国	0.168	200.175
	0.145	341.170
连云港	0.129	178.834
	0.108	174.883
海安	0.107	164.096
	0.096	168.689
龙岩	0.054	144.662
	0.053	61.685
如皋	0.046	180.254
	0.018	50.566
宁波大榭	0.015	16.839

图 3-5 样本经济技术开发区居住区配套

关于经开区空气质量,我们使用经济技术开发区内部或距离其最近的空气质量监测点空气质量指数(AQI)予以衡量,参见图 3-6。其中,龙岩经济技术开发区空气质量指数最小,与其主导产业之一——文旅康养产业相协调;成都经济技术开发区空气质量指数处于全部样本开发区中间水平,得益于龙泉山的正外部性影响,空气质量高于全市平均水平;库尔勒经济技术开发区位于沙漠地带,以石油化工为支柱产业,空气质量较差,AQI 值最大。在 23 个经济技术开发区样本中,宁国经开区空气质量明显优于全市水平,可能的原因在于宁国经济技术开发区以汽车零部件、电子元器件、耐磨铸件为三大主导产业,多年坚持高质量发展方针,对空气污染影响较小;但是宁国其他地方由于多年

工业园产城融合
关键因素及影响机制

发展电镀产业，拉低了全市空气质量，平均空气质量指数较高。

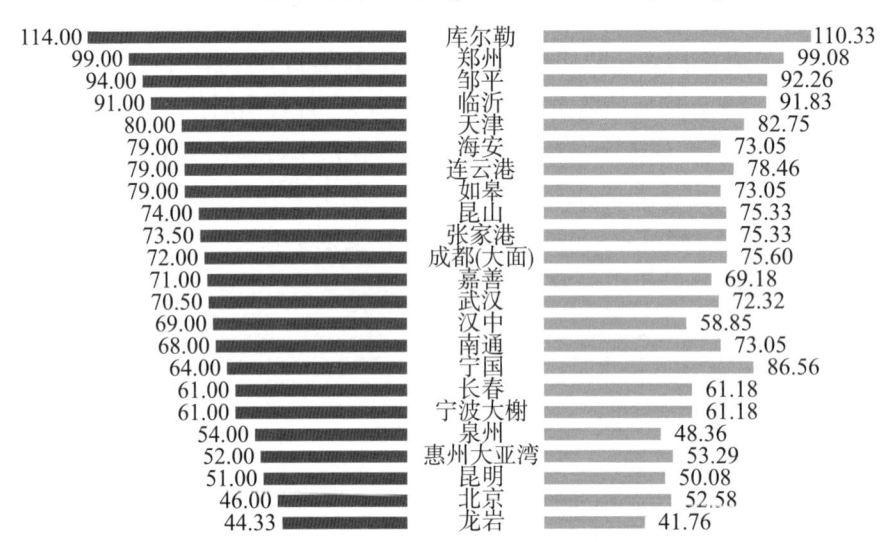

■ 经开区所在区的AQI　　■ 经开区所在市的AQI

城市	经开区AQI	所在市AQI
库尔勒	114.00	110.33
郑州	99.00	99.08
邹平	94.00	92.26
临沂	91.00	91.83
天津	80.00	82.75
海安	79.00	73.05
连云港	79.00	78.46
如皋	79.00	73.05
昆山	74.00	75.33
张家港	73.50	75.33
成都(大面)	72.00	75.60
嘉善	71.00	69.18
武汉	70.50	72.32
汉中	69.00	58.85
南通	68.00	73.05
宁国	64.00	86.56
长春	61.00	61.18
宁波大榭	61.00	61.18
泉州	54.00	48.36
惠州大亚湾	52.00	53.29
昆明	51.00	50.08
北京	46.00	52.58
龙岩	44.33	41.76

图 3-6　样本经济技术开发区与所在城市 2021 年空气质量指数

数据来源：真气网（https://www.zq12369.com）。

居住区配套规模需要考虑经济技术开发区的空气质量，与经济技术开发区空气质量综合指数 z_a 负相关。我们用经济技术开发区空气质量综合指数 z_a 反映经济技术开发区对周边环境的部分影响，令其等于"经济技术开发区 AQI 标准化值×0.5+（经济技术开发区 AQI÷经开区所在城市 AQI）标准化值×0.5"，取值为 [0, 1] 区间。其中，经济技术开发区 AQI 标准化值反映经开区空气质量绝对数，"经济技术开发区 AQI÷经开区所在城市 AQI"反映经开区空气质量相对数，如果二者同时呈现高值，z_a 值大，即经开区空气污染重，而且比全城空气质量差，比如库尔勒、邹平经济技术开发区，可认为经开区对城市空气污染的证据是比较充分的，居住区不适宜规划在经开区内部，而应该布局在距离较远的主城区等位置，z_r 值应小；如果二者同时呈现低值，z_a 值小，即经开区空气质量优质（AQI≤50）或者接近优质，而且比全城空气质量总体水平更优，比如北京、大亚湾经济技术开发区，则说明经开区对城市空气几乎没有污染，应在经开区尽可能配套足够规模的居住区，z_r 值应大。如果经开区空气质量绝对数高，相对数低，z_a 值居中，表明经开区空气的宜居性相对全城总体水平更好，可在经开区内部布局规模居中的居住区，z_r 值应居中，同时在主城区或其他适宜地区布局一定规模居住区；如果经开区空气质量绝对数低，相对数高，z_a 值也居中，此时表明开发区空气优良，但全城空气质量总体更好，适宜在经开区内部布局规模居中的居住区，z_r 值应居中，并在宜居性更好的主城区等地布局一定规模居住区，满足人们对更加美好生活的追求。

经济技术开发区空气质量综合指数 z_a 与居住区配套得分 z_r 的负相关关系在图 3.7 中大体呈现，库尔勒、邹平、如皋、海安、连云港、成都、长春等经济技术开发区 z_a 与 z_r 此消彼长的关系显现比较充分。这种负相关关系在部分经济技术开发区不明显，显示在居住配套方面，产城融合理念由于主观或客观因素没有得到充分落实（见图 3-7）。

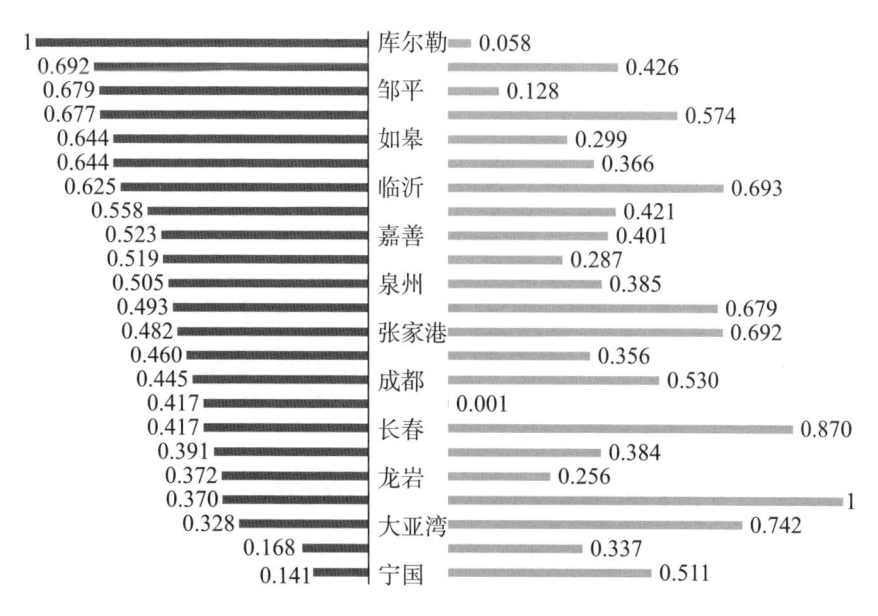

开发区	空气质量综合指数	居住区配套得分
库尔勒	1	0.058
	0.692	0.426
邹平	0.679	0.128
	0.677	0.574
如皋	0.644	0.299
	0.644	0.366
临沂	0.625	0.693
	0.558	0.421
嘉善	0.523	0.401
	0.519	0.287
泉州	0.505	0.385
	0.493	0.679
张家港	0.482	0.692
	0.460	0.356
成都	0.445	0.530
	0.417	0.001
长春	0.417	0.870
	0.391	0.384
龙岩	0.372	0.256
	0.370	1
大亚湾	0.328	0.742
	0.168	0.337
宁国	0.141	0.511

图 3-7　各样本开发区空气质量综合指数与居住区配套得分

根据上述 z_r 和 z_a 值进而计算出经开区居住环境协调度得分 $|z_r+z_a-1|$，如图 3-8 所示。居住环境协调度得分 $|z_r+z_a-1|$ 在 $[0,1]$ 区间，如上文所述，该值越接近 0，表明经开区空气质量综合指数和人均配套居住区规模负相关关系越明显，经开区空气质量与居住区配套越协调，越有利于促进产住融合。海安、连云港、成都、如皋、大亚湾、嘉善、库尔勒经济技术开发区居住环境协调度得分居于前列。其中，海安、如皋、库尔勒经济技术开发区居住环境协调度得分比较靠前的原因在于经开区空气质量差，z_a 高，经开区内部居住配套规模低，即 z_r 低；连云港、嘉善经济技术开发区居住环境协调度得分靠前的原因在于经开区空气综合质量为中低水平（z_a 中高），经开区内部居住

配套规模则为中低（z_r中低）；成都经济技术开发区居住环境协调度居于前列的原因在于经开区空气综合质量为中高水平（z_a中低），经开区内部居住配套规模则为中高（z_r中高）；大亚湾经济技术开发区居住环境协调度居于前列的原因在于经开区空气综合质量高（z_a低），经开区内部居住配套规模高（z_r高）。

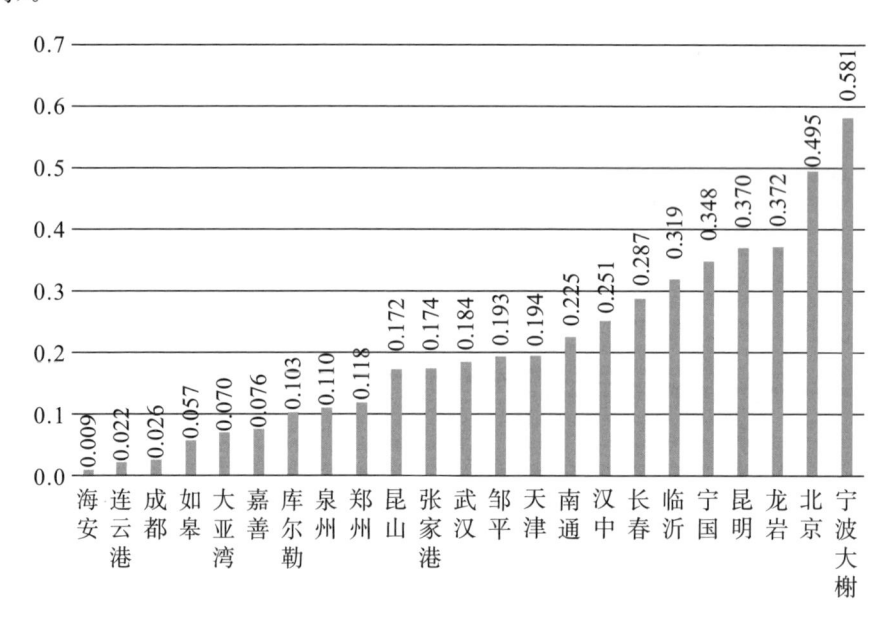

图 3-8 样本经济技术开发区居住环境协调度得分

另外，宁波大榭、北京、龙岩、宁国、临沂经济技术开发区居住环境协调度落后，其中宁波大榭、北京、龙岩、宁国经开区都是因为空气综合质量高（z_a低），经开区内部居住配套规模低（z_r低），适宜布局更多居住空间而居住配套规模不足；临沂经济技术开发区居住环境协调度落后则是因为空气综合质量较低（z_a较高），经开区内部居住配套规模较高（z_r高），使得较大规模居住区遭受经开区空气污染的影响。

从轨道交通站点看，通过经济技术开发区地理围栏查询，发现23个样本经济技术开发区中有7个经济技术开发区有轨道交通站点，其余均无（参见表3-6）。特大和超大城市拥有更多的轨道交通站点，二线城市较少，三线城市及以下轨道交通站点大多为规划中或者在建。其中武汉经济技术开发区最多，有17个轨道交通站点，主要是由于经济技术开发区面积过大，一条地铁线路横跨经济技术开发区，另一条线路围绕经济技术开发区；北京经济技术开发区拥有7个轨道交通站点，排名第二；成都地铁2号线穿过成都经济技术开发区大面片区，拥有5个轨道交通站点。从单位面积看，北京和成都经济技术开发区轨道交通站点领先，超过了每平方公里0.1个站点。

表3-6 轨道交通站点数量（个）

经济技术开发区	天津	北京	昆明	成都	武汉	郑州	长春	其他
轨道交通站点数量	4	7	3	5	17	3	5	0
每平方公里建成区轨道交通站点	0.049	0.112	0.02	0.11	0.049	0.026	0.06	0

3.3 工业园产城融合评价过程与结果

3.3.1 对基础指标进行标准化处理

因为选取指标的原始数据量纲和数量级不同，所以首先要对原始数据进行标准化处理，以便后续进行综合评价比较。我们采用极差标准化方法完成这一项工作：对于原指标为正向性质的，其计算公式为 $\dfrac{X - X_{\min}}{X_{\max} - X_{\min}}$；对于居住区配套得分等负向性质指标，采用计算公式为 $\dfrac{X_{\max} - X}{X_{\max} - X_{\min}}$。经过极差标准化处理，所有指标值都在0~1之间，且均为正向性质。极差标准化后各指标值参见表3-7。

表3-7 经济技术开发区产城融合基础指标极差标准化值

经济技术开发区	工业投资强度	工业区就业密度	工业产出强度	服务业产出强度	服务业就业密度	空气质量综合指数	居住配套	单位面积轨道站点
天津	0.147	0.329	0.615	0.743	0.249	0.519	0.287	0.44
北京	1.000	1.000	1.000	0.912	1.000	0.168	0.337	1.00
南通	0.056	0.052	0.171	0.084	0.025	0.391	0.384	0.00
昆山	0.024	0.059	0.554	0.405	0.056	0.493	0.679	0.000
宁国	0.030	0.127	0.088	0.535	0.463	0.141	0.511	0.000
大亚湾	0.024	0.015	0.162	0.069	0.004	0.328	0.742	0.000
昆明	0.055	0.064	0.182	0.076	0.062	0.370	1.000	0.180
宁波大榭	0.066	0.064	0.300	0.167	0.034	0.417	0.001	0.000

续表

经济技术开发区	工业投资强度	工业区就业密度	工业产出强度	服务业产出强度	服务业就业密度	空气质量综合指数	居住配套	单位面积轨道站点
成都（大面）	0.127	0.242	0.612	0.117	0.059	0.445	0.530	0.987
如皋	0.095	0.174	0.866	0.331	0.011	0.644	0.299	0.000
泉州	0.154	0.474	0.720	0.542	0.133	0.505	0.385	0.000
嘉善	0.056	0.166	0.446	1.000	0.107	0.523	0.401	0.000
邹平	0.212	0.158	0.207	0.088	0.009	0.679	0.128	0.000
连云港	0.001	0.060	0.102	0.029	0.037	0.558	0.421	0.000
汉中	0.019	0.030	0.580	0.229	0.033	0.677	0.574	0.000
库尔勒	0.053	0.145	0.629	0.000	0.003	0.839	0.058	0.000
张家港	0.173	0.465	0.358	0.138	0.042	0.482	0.692	0.000
临沂	0.033	0.047	0.061	0.008	0.000	0.625	0.693	0.000
龙岩	0.000	0.000	0.000	0.213	0.120	0.372	0.256	0.000
海安	0.053	0.097	0.346	0.083	0.013	0.644	0.366	0.423
武汉	0.128	0.181	0.474	0.056	0.013	0.460	0.356	0.436
郑州	0.040	0.080	0.355	0.132	0.046	0.692	0.426	0.236
长春	0.060	0.126	0.522	0.304	0.009	0.417	0.870	0.539

3.3.2 确定指标权重

我们采用层次分析法（Analytic Hierarchy Process）确定各评价指标的权重，该方法为美国运筹学家 Satt 教授提出的一种层次权重决策分析方法。我们运用该方法设计了工业园产城融合评价指标权重问卷（参见本章附件1），邀请了学术界和实业界18名城市经济专家填写问卷。经过比较判断矩阵、使用"和法"计算指标权重、进行一致性检验，发现2份问卷无法通过一致性检验。对于有效的16份专家答卷呈现的指标权重，我们求其均值作为各指标的权重（参见表3-8）。

关于三级指标权重，在工业用地效率指标的子指标中，工业产出强度指标权重高达0.585，接近另外两个指标之和的1.5倍，反映出专家们在工业用地效率评价上重视结果导向。在服务业用地效率上，产出强度指标权重达到0.611，也呈现了类似的结果导向；不过，相对于工业区就业密度与工业产出强度的权重差距（0.384），服务区就业密度指标与服务区产出强度的权重差距（0.222）明显小一些，反映出专家们对服务业吸纳就业作用的重视。

表 3-8　工业园产城融合评价指标权重

一级指标（中间要素层）及权重（w）		二级指标（中间要素层）及权重（w）		三级指标（因子层）及权重（w）	
生产功能区集约度（产地融合）	0.417	工业用地效率	0.597	工业投资强度	0.214
				工业就业密度	0.201
				工业产出强度	0.585
		服务业用地效率	0.403	服务业产出强度	0.611
				服务业就业密度	0.389
生产功能区与生活服务功能区融合度（产住融合）	0.583	居住环境协调度	0.556	—	—
		轨道交通配套	0.444	—	—

注：居住环境协调度指居住区规模与空气质量指数负相关性强弱程度，轨道交通配套指单位面积轨道交通站点。

关于二级指标权重，在生产功能区集约度（产地融合）指标的子指标（二级指标）中，工业用地效率指标权重达到0.597，约为服务业用地效率的1.5倍，显示专家们更加重视避免工业区盲目"铺大摊子"、提高工业用地效率对于促进产城融合的作用。

在生产功能区与生活服务功能区融合度（产住融合）指标的子指标中，居住环境协调度指标权重为0.556，轨道交通配套指标权重为0.444。前者适度高于后者，反映出专家们优先考虑通过足够的居住空间配套促进产住融合，把职住平衡促进工作放在优先位置上。另外，轨道交通配套指标的权重与居住环境协调度权重的差距也不大，显然专家们也都意识到，在工业园可能存在较重工业污染的情况下，适宜在距离工业园较远的母城布局居住空间和生产服务空间，并通过轨道交通降低工业园与母城之间的交通成本，促进工业园与母城的融合。

3.3.3　经济技术开发区产城融合评价结果

在生产功能区集约度即"产地融合"评价方面，根据工业园产城融合评价指标权重（参见表3-8），经济技术开发区工业用地效率加权评分＝0.214×工业投资强度标准化值＋0.201×工业就业密度标准化值＋0.585×工业产出强度标准化值，服务业用地效率加权评分＝0.611×服务业产出强度标准化值＋0.389×服务业就业密度标准化值，生产功能区集约度（产地融合）＝0.597×工业用地效率评分＋0.403×服务业用地效率评分，按此公式计算结果及排名参见表3－9。其中，北京经济技术开发区的工业用地效率比排名第2位的如皋经济技术开发区高出约77.9%，服务业用地效率比排名第2位的嘉善经济技术开发区高出44.9%，生产功能区集约度（产地融合）得分为0.978，比排名第2位的天津经济技术开发区高出97.6%，大幅领先。如皋经济技术开发区工业用地效率虽排名第2位，但受累于服务业用地效率不够高，"产地融合"度仅排名第5位，成都经济技术开发区也受累于服务业用地效率不高（排名14），"产地融合"度仅排名第7位。嘉善经济技术开发区则相反，服务业用地效率加权评分高，排名第2位，但工业用地效率评分不高，"产地融合"度排名第4位。

表3－9 经济技术开发区"产地融合"评价

经济技术开发区	产地融合加权评分	排名	工业用地效率加权评分	排名	服务业用地效率加权评分	排名
北京	0.978	1	1.000	1	0.946	1
天津	0.495	2	0.457	4	0.551	3
泉州	0.482	3	0.550	3	0.383	5
嘉善	0.446	4	0.306	12	0.653	2
如皋	0.419	5	0.562	2	0.206	7
昆山	0.312	6	0.341	10	0.269	6
成都	0.297	7	0.434	5	0.095	14
长春	0.282	8	0.344	8	0.189	8
汉中	0.270	9	0.349	7	0.153	10
宁国	0.254	10	0.083	20	0.507	4
库尔勒	0.245	11	0.409	6	0.001	23
张家港	0.244	12	0.340	11	0.100	12
武汉	0.220	13	0.341	9	0.039	20
郑州	0.179	14	0.233	14	0.099	13
宁波大榭	0.167	15	0.202	15	0.115	11
海安	0.162	16	0.233	13	0.056	18
邹平	0.141	17	0.198	16	0.057	17

续表

经济技术开发区	产地融合加权评分与排名		工业用地效率加权评分与排名		服务业用地效率加权评分与排名	
昆明	0.107	18	0.131	17	0.070	15
南通	0.097	19	0.122	18	0.061	16
大亚湾	0.079	20	0.103	19	0.044	19
龙岩	0.071	21	0	23	0.177	9
连云港	0.056	22	0.072	21	0.032	21
临沂	0.033	23	0.052	22	0.005	22

在生产功能区与生活功能区融合即产住融合评价上，根据工业园产城融合评价指标权重（参见表3-8），工业园产住融合度＝0.556×居住环境协调度＋0.444×轨道交通配套得分，其中居住环境协调度得分如上文所述，基于就业人口人均居住区面积与经济技术开发区空气质量指数（AQI）的负相关程度评定。经计算（参见表3-10），成都经济技术开发区大面片区产住融合度达到0.978分，居于第1位。尽管海安、连云港经济技术开发区的居住环境协调度略高于成都经开区，但它们在轨道交通配套上与成都经济技术开发区相差悬殊，产住融合加权评分则明显落后于成都，分别处于第4、第6位。在轨道交通配套方面，北京经济技术开发区略高于成都经开区，但其居住配套不足，居住环境协调度大幅落后于成都经开区，产住融合加权评分居于第7位。武汉和天津经济技术开发区居住环境协调度居中，不过轨道交通站点配套比较靠前，拉动产住融合评分分列第2、第3位。临沂、宁国、龙岩、宁波大榭等经济技术开发区则由于居住环境协调度低，而且没有城市轨道交通站点，所以在产住融合评价中居于末位。

表3-10 经济技术开发区"产住融合"评价

经济技术开发区	产住融合加权评分与排名		居住环境协调度与排名		单位面积轨道交通站点标准化得分与排名	
成都	0.978	1	0.971	3	0.987	2
武汉	0.579	2	0.694	12	0.436	5
天津	0.570	3	0.677	14	0.437	4
海安	0.556	4	1.000	1	0	8
郑州	0.554	5	0.809	9	0.236	6

续表

经济技术开发区	产住融合加权评分与排名		居住环境协调度与排名		单位面积轨道交通站点标准化得分与排名	
连云港	0.543	6	0.978	2	0	8
北京	0.529	7	0.151	22	1.000	1
长春	0.525	8	0.514	17	0.539	3
如皋	0.509	9	0.916	4	0	8
大亚湾	0.497	10	0.894	5	0	8
嘉善	0.491	11	0.884	6	0	8
库尔勒	0.465	12	0.837	7	0	8
泉州	0.458	13	0.824	8	0	8
昆山	0.397	14	0.715	10	0	8
张家港	0.396	15	0.712	11	0	8
邹平	0.377	16	0.678	13	0	8
南通	0.346	17	0.622	15	0	8
汉中	0.320	18	0.577	16	0	8
昆明	0.285	19	0.370	20	0.180	7
临沂	0.255	20	0.459	18	0	8
宁国	0.226	21	0.408	19	0	8
龙岩	0.204	22	0.366	21	0	8
宁波大榭	0	23	0	23	0	8

基于上述生产功能区内部产业与载体融合度（即产地融合度、生产功能区集约度）和生产功能区与生活功能区融合度（即产住融合度）评价，以及我们根据层次分析法确定的权重，由公式"经济技术开发区产城融合度＝0.417×产地融合度＋0.583×产住融合度"对各样本经济技术开发区产城融合度给出最后的加权评分（参见图3-9），其中北京经济技术开发区尽管产住融合度仅为中上水平，但产地融合度遥遥领先，使得其产城融合度得分居于第1位。成都经济技术开发区产城融合度居第2位，尽管它的产地融合度落后于天津、泉州、嘉善、如皋等经济技术开发区，但落后幅度不大，而在产住融合度上则大幅度领先，且产住融合度权重更高，使得其产城融合度得分高于上述经开区。比如，相对产城融合度第3位的天津经济技术开发区，成都经济技术开发区产地融合度低约0.2分，但产住融合度高出约0.41分，使得产城融合度高出约

0.156 分。天津经济技术开发区则以产地融合第 2 位、产住融合第 3 位的一级指标使其产城融合度达到第 3 位。

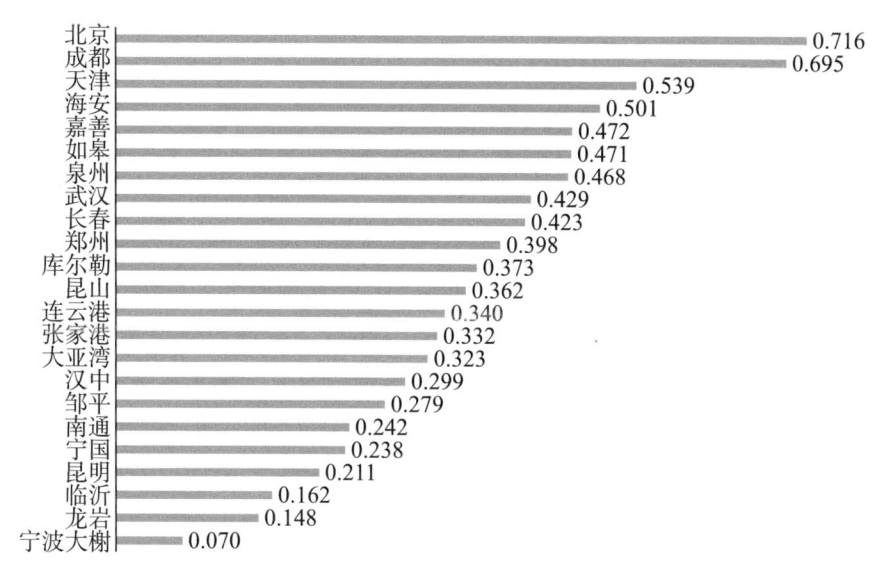

城市	评分
北京	0.716
成都	0.695
天津	0.539
海安	0.501
嘉善	0.472
如皋	0.471
泉州	0.468
武汉	0.429
长春	0.423
郑州	0.398
库尔勒	0.373
昆山	0.362
连云港	0.340
张家港	0.332
大亚湾	0.323
汉中	0.299
邹平	0.279
南通	0.242
宁国	0.238
昆明	0.211
临沂	0.162
龙岩	0.148
宁波大榭	0.070

图 3-9　样本经济技术开发区产城融合评分

3.4　工业园产城融合评价的启示：由成都模式到北京模式

经产城融合评价发现北京经济技术开发区和成都经济技术开发区产城融合模式和经验值得借鉴，我们可以把它们称为工业园产城融合的北京模式和成都模式，前者代表发达经济体中基于成熟型绿色制造体系的工业园产城融合模式，后者代表工业化中后期①基于成长型绿色制造体系的工业园产城融合模式。

北京经济技术开发区产城融合模式的典型特征主要包括以下几点：

（1）高技术高附加值工业绿色发展，包括清洁生产、资源综合利用、能源高效利用高技术在内的成熟绿色制造体系是根本性前提条件，进而推广多层厂房提高工业区容积率，实现高水平产出强度、工业高效用地，以及清新的环境——位于经开区内部的空气监测点显示全年空气质量总体达到优质（2021

---

① 此处的工业化中后期并非指成都经济技术开发区处于该工业化发展阶段，而是指其工业子行业、工业绿色化水平与大多经济体在工业化中后期相似。

年 AQI=46），而且明显优于全市平均空气质量（2021 年全市 AQI=52.58）。

（2）工业与服务业协同发展。工业发展离不开物流、研发设计、供应链管理、市场营销、专业技术咨询等服务业的支撑，北京经济技术开发区内布局了较大面积服务业区域，与开发区内绿色工业协调融合①，相辅相成，实现高水平就业密度和产出强度。

（3）布局较大比例居住区空间。由于经开区内部就业密度很高，人均居住区面积比较低，兼之空气环境优异，更显得人均居住区布局不够，不过，若仅以居住区占建成区面积比例而言，北京经开区居于前列，说明其已在可能的限度内为经开区内职工就近生活居住、促进职住平衡做出努力并取得成绩。

（4）轨道交通便捷舒适。北京地铁亦庄线在经开区内部呈现"Z"字形，提供了更多地铁站点，亦庄 T1 线有轨电车则呈西南—东北走向贯穿经开区，便捷舒适的轨道交通有利于降低经开区内部和内外交通时间，有利于降低人们的交通劳顿和精神紧张，在经开区企业获得区外高水平生产性服务、区内职工获得区外更加丰富多样的生产性服务、区外职工通勤中扮演着十分重要的作用。

简言之，工业园产城融合的北京模式以高技术高附加值工业绿色发展为关键性前提条件，较大面积的居住区和研发设计等现代服务区基于此条件才可能在经开区内就近布局，便捷舒适的轨道交通是促进工业园与母城其他区域密切联通的重要条件，也是人均居住区布局不足的弥补性条件。

北京模式的前提条件在于经开区内部主要布局高技术高附加值绿色工业，代表着发达经济体高阶先行工业园的产城融合模式，普通工业园需要持续努力，持续提升工业企业绿色发展水平，不断推进工业化水平，才可能逐步达到这种工业园产城融合的高阶模式。

成都经济技术开发区代表着工业化中后期基于成长型绿色制造体系的工业园的产城融合模式，具有以下特征。

（1）工业发展水平达到以先进制造为主，主导产业为汽车和工程机械制造，包括清洁生产、资源综合利用、能源高效利用在内的绿色制造体系处于成

---

① 当然，经开区内的服务业和工业也对外辐射。

长期,尚未达到成熟领先水平,工业区对周边区域还存在一定程度的负外部影响[①]。

(2) 鉴于工业园一定程度的负外部性,经开区内部服务业尤其是高水平现代服务业布局不足,服务业发展水平显著落后于工业,服务业增加值仅为工业增加值的1/3,主要依赖母城提供现代生产性服务,工业园服务业区用地效率不高,居于中等略偏下水平。

(3) 鉴于工业园一定程度的负外部性,居住区面积占比和人均居住区配套处于中等水平,兼顾了污染规避需要和职工就近居住需要,对于矛盾双方进行了折中调和。

(4) 以便捷舒适的地铁联通工业园和母城(成都城市核心区和龙泉驿城区核心区),为工业园从母城获取生产性服务,为工业园职工通勤或经开区内居住职工及其眷属获取母城生活性服务提供优质交通保障。

简言之,成都经济技术开发区产城融合模式的典型特征为:绿色制造体系尚处于成长期,对周边环境存在一定负外部性;坚持与此负相关的原则,服务业和居住区布局规模适度,无法通过开发区内部配套予以满足的服务需求和居住需求相对较多,但可以通过便捷舒适的地铁交通从母城获得支持。

中国大多数地区的绿色制造体系处于学步期或成长期,所以成都经济技术开发区的产城融合模式值得大力推广;随着工业化水平进一步提升[②],绿色制造体系逐渐成熟,可在工业园内部就近布局足够大规模服务业和居住区,则可将工业园产城融合模式升级为北京模式。

[①] 成都经济技术开发区大面片区内部没有空气质量监测点,其最近空气质量监测点临近龙泉山脚,受到龙泉山森林公园的积极影响,因此,其空气质量(2021年AQI=72)虽略微优于全市平均水平(2021年AQI=75.6),但不能说明其工业发展对周边空气环境没有负外部性。鉴于该空气质量检测点受森林积极影响但与全城相比优势并不明显,且工业发展主导产业为汽车、工程机械、航天装备等重型工业,其对周边空气环境存在一定负外部性的假设是可以接受的。

[②] 比如工业3.0的深化和工业4.0的实现。

附件：工业园产城融合评价指标权重问卷

尊敬的专家：

您好！鉴于您在城市经济、产业经济领域的深厚造诣，邀请您填写本问卷，对工业园产城融合评价指标的重要性提出宝贵意见，您的意见是我们在"工业园产城融合关键因素和影响机制研究"课题研究中确定评价指标权重的重要依据，衷心感谢您对本课题组的帮助和支持！

表1 两个指标相对重要性的数字标度

数字标度	含义
1	具有同等重要性
3	一个因素比另一个稍微重要
5	一个因素比另一个明显重要
7	一个因素比另一个强烈重要
9	一个因素比另一个极端重要
2、4、6、8	上述两相邻判断的中值

*1. 在工业用地效率指标中，投资强度（A）与就业密度（B）相比，您认为重要性不次于另一个指标的是（　　）（请填入A或B，下同），它比另一个指标的重要程度为（　　）（请根据表1填入数字，下同）。

*2. 在工业用地效率指标中，投资强度（A）与亩均工业产出（B）相比，您认为重要性不次于另一个指标的是（　　），它比另一个指标的重要程度为（　　）。

*3. 在工业用地效率指标中，就业密度（A）与工业产出（B）相比，您认为重要性不次于另一个指标的是（　　），它比另一个指标的重要程度为（　　）。

*4. 在工业园的服务业用地效率指标中，服务业产出强度（A）与服务业就业密度（B）相比，您认为重要性不次于另一个指标的是（　　），它比另一个指标的重要程度为（　　）。

*5. 在生产功能区集约度指标中，工业用地效率（A）与服务业用地效率（B）相比，您认为重要性不次于另一个指标的是（　　），它比另一个指标的重要程度为（　　）。

*6. 在生产功能区与服务功能区融合度指标中，居住环境协调度（A）

3 工业园产城融合评价

与交通配套（B）相比，您认为重要性不次于另一个指标的是（   ），它比另一个指标的重要程度为（   ）。

*7. 对衡量工业园产城融合而言，生产功能区集约度（产地融合）（A）与生产生活功能区融合度（产住融合）（B）相比您认为重要性不次于另一个指标的是（   ），它比另一个指标的重要程度为（   ）。

问卷附件：工业园产城融合评价指标体系解释说明

为了探究国家级工业园产城融合发展情况，首先应确定合理的指标体系。根据国内外学者在此领域的研究成果，并结合评价指标客观性、典型性等原则，木课题选取产城融合系统 2 个一级指标、3 个二级指标、5 个三级指标构建国家级工业园产城融合发展评价（A1）指标体系，具体见表 2。

表 2　工业园产城融合发展评价（A1）指标体系及相关公式

一级指标 （中间层要素）	二级指标 （中间层要素）	三级指标 （因子层）	指标计算公式
生产功能区集约度（产地融合）B1	工业用地效率 C1	投资强度 D1	0.5×单位工业用地注册资本＋0.5×单位工业用地实缴资本
		就业密度 D2	缴纳社保人数/开发区建成面积
		工业产出强度 D3	工业增加值/工业区面积
	服务业用地效率 C2	服务业产出强度 D4	服务业增加值/服务业面积（建成区－工业区－绿地水域－住宅）
		服务业就业密度 D5	—
生产功能区与服务功能区融合度（产住融合）B2	居住环境协调度 C3	—	居住环境协调度计算方法：$\|z_r+z_a-1\|$，逆向指标。其中，z_r 指工业园居住区配套，正向指标；z_a 指工业园空气质量综合指数，逆向指标。
	交通配套 C4	—	轨道交通数量标准化

4 产住融合的影响因素和机制：工业园就业者职住关系分析

在工业园周边或者城市的其他地方建设以居住为核心的生活服务功能区，使其居住、游憩、消费等生活服务功能，交通、教育、医疗等公共服务功能尽可能充分满足工业园就业者及其家人的生活需求，是产住融合的题中应有之义。长期以来，学者和政策制定者一般认为职住平衡是值得追求的目标，这的确是私人和社会通勤成本最小化的选择。不过，由于工业园周边生活功能区发育不足，或者其他一些因素的影响，工业园就业者综合权衡通勤成本等各类成本或收益做出自己的居住地点选择，通过这种选择及其背后的原因分析，我们试图对工业园周边生活服务功能区成熟程度进行初步评价，并探索服务功能区建设的一些思路、方向以及值得关注的薄弱环节和相应任务。

4.1 产住融合与职住平衡的界定

工业园产城融合可以从产住融合与产地融合两方面展开讨论。产住融合指工业园作为生产功能区，其职工的生活——首要方面在于居住得到有效保障，不至于付出高昂的综合通勤成本；同时工业园可能存在的工业污染和安全隐患不对生活功能区产生明显影响。在其他条件不变的情况下，实现工业园产住融合，工业园就业者的职住平衡率会更高，所以我们可以通过工业园就业者职住关系去探讨产住融合问题。

如何界定职住平衡？通勤距离和时间是核心变量。讨论职住关系的区域时，笔者认为应坚持两个原则：以人为本，即大多数职工认可通勤时间适宜；交通减量化、低碳化。课题组对成都区县企业员工的一项小型调查显示（参见表4-1），员工把电瓶车作为通勤首选方式的占到44%，比以自驾机动车（轿

4 产住融合的影响因素和机制：工业园就业者职住关系分析

车和摩托车）为首选的职工高 10%；而以公交车为通勤首选的职工比例不到 3%。在次选通勤方式上，选择电瓶车的仍然占据首位，达到 21.3%，选择公交车的职工只有 12%。由此可见，骑行电瓶车已经成为企业职工最主要的通勤方式，公交车则处于相当次要的地位。

表 4-1 企业职工关于通勤方式选择的频数分布

首选＼次选	电瓶车	公交车	自驾机动车	自行车	打车	公务车	步行	熟人拼车	未选	合计
电瓶车	1	5	8	2		1	1	1	14	33
公交车							2			2
自驾机动车	14	3			1		2	5	5	30
自行车		1							1	2
步行	1		1	1			1		1	5
熟人拼车			3							3
合计	16	9	12	3	1	1	6	6	20	75

资料来源：课题组对成都 CZ 区 CQ 工业园就业者的一个小型问卷调查。

骑行电瓶车存在一些优势：价格低廉，绿色低碳，职工可以自主把控时间，速度适中——通勤高峰期的速度与公交车类似或者略快一点。虽然安全性和舒适性令人担忧，但有诸多防护措施可以选择，因此企业职工大多将其作为主要通勤工具。

因此本课题组在确定职住平衡的通勤距离时，将职工通勤距离在 9 公里（直线距离约 6 公里）[①] 以内的认定为职住一致，反之认定为职住分离，这个职住关系判定标准与 Zhongren Peng 提出的 5～7 英里标准大致相当。同时，周干峙院士曾指出电动自行车是未来中近距离交通的一大趋势，且课题组调查发现，低碳便捷的电动自行车已成为成都经开区职工最主要的通勤工具，而骑电动自行车一般可以在合意的通勤时间——30 分钟内完成成都经开区周边 9 公里通勤任务[②]。

[①] 通勤距离采用高德地图自驾车从工作地到工作日居住地计算。根据课题组初步统计，成都经开区职工的 9 公里通勤距离对应的直线距离约为 6 公里。

[②] 根据工信部 2018 年出台的《电动自行车安全技术规范》，电动自行车限速 25 公里/小时。由于红绿灯控制、骑行者意愿等因素影响，实际速度约为 18 公里/小时。

4.2 职住关系研究文献回顾

早在 20 世纪初霍华德[①]就提出了职住平衡思想："工作就在住宅的步行距离之内。"第二次世界大战以后，西方蓬勃的新城建设和美国在 20 世纪 80 年代后居住郊区化使得通勤距离过长，城市拥堵和空气污染问题日益突出，职住平衡遂成为重要的研究课题。

何谓职住平衡？大多用一个给定区域内的就业—居住比率衡量，即该区域内就业岗位数量与劳动力数量之比，职住一致率为 0.8~1.2 的区域被视为达到职住平衡。在区域大小上，Zhongren Peng 等（1997）认为适宜的通勤半径为 5~7 英里，Levingston（1989）认为通勤半径宜为 9.7~12.9 公里，Deakin 则认为 4.8~16 公里都是可接受的。不过，郑思齐等（2015）认为这种衡量方法不符合客观市场规律，因此在 Ewing 等设计的"居住者的就业平衡比率"指标之外又设计了"就业者居住平衡指数"。

关于职住关系的成因，主要包括个体微观、中观（环境和地方政府等）、宏观（制度与改革等）因素。在个体因素上，主要包括性别、收入、受教育水平、户籍、职工来源地（母城或其他）、住房产权、居住搬迁年份等因素。在环境因素上，Wachs 等发现通勤成本、邻里环境、学校质量因素影响显著。在地方政府因素上，由于发展目标转向、建设时序错位以及土地财政导向，常住居民、企事业单位职工、产业工人职住远离。在制度因素上，柴彦威等（2011）发现单位制度、房屋福利政策等因素影响显著，吴瑞君、朱宝树（2018）发现多中心结构的虚化、住房制度改革与就业制度转型不同步、各阶层取向差异等因素使得上海市常住就业人口的跨区县职住分离率达到 27.53%。

有的学者讨论了个体微观和中观因素对职住关系的综合影响。郑思齐等发现北京市"就业者居住平衡指数"受到劳动力人力资本水平、轨道交通可达性、企业所有制构成的显著影响，"居住者就业平衡指数"受到劳动力人力资本水平、轨道交通可达性、家庭规模以及家庭责任（是否有小孩及劳动者性别）的显著影响。张济婷、周素红（2018）发现三个阶层的职住分离因素主要在于建成环境、房屋属性、邻里环境和个人属性。Sun Bingdong（2016）发现个体居住、就业地区位和通勤特征影响职住方式。

[①] 埃比尼泽·霍华德：《明日的田园城市》，金经元译. 商务印书馆 2010 年版，第 9 页。

4 产住融合的影响因素和机制：工业园就业者职住关系分析

关于促进职住平衡的对策，Wachs、Cervero 等（1996）学者认为市场能较好调整就业和居住的空间关系，政府政策在一般情况下是不必要的；不过在包括就业集中区等居住与就业极不平衡地区，需要政府规划建设可供不同阶层居住的房屋。在开发区，需要优化升级产业结构，调整用地功能结构，对于必须规划建设配套居住用地的开发区，需控制住宅的档次和建设时序。

梳理职住平衡研究文献发现，研究东部城市的较多，研究西部城市的极少；研究城市一般区域的较多，研究开发区的极少；采用通常标准衡量职住平衡的较多，重点关注"就业者居住平衡比率"的极少。事实上，有的符合通常标准的职住平衡片区中较多居住者并不在该片区工作，而那里的较多就业者并不在那里居住，所以郑思齐（2015）强调职住平衡研究应关注"居住者就业平衡比率"和"就业者居住平衡比率"，后者正是整体衡量就业者职住关系的重要指标；对就业者个体职住关系而言，存在职住一致、职住分离两种可能，如果开发区就业者职住一致的比例较高，则开发区连同周边区域构成的城市片区中的就业者居住平衡比率就较高，有利于该片区实现职住平衡；反之则反。

本书聚焦于就业者居住平衡比率问题，基于课题组对地处西部的成都经济技术开发区（以下简称成都经开区）的抽样调查数据，通过二值选择模型侧重探讨就业者职住关系形成的直接因素及内在原因，并提出了应对不同因素所致职住分离宜采取的相应态度和对策。

4.3 模型构建

开发区职工选择居住地的过程即确立其职住关系——职住一致（$y=1$）或者职住分离（$y=0$）的过程，所以这种选择可称为职住关系选择，它意味着支付相应的通勤成本（时间、费用、交通痛苦等），也获取相应的收益。假设就业者职住一致的净收益 $y^{*}=x'\boldsymbol{\beta}+\varepsilon$，其中，$\boldsymbol{x}$ 和 $\boldsymbol{\beta}$ 分别表示影响职住关系选择的因素向量及其参数向量，若 $\varepsilon\sim N(0,\sigma^{2})$，则有 probit 模型：

$$P(y=1\mid\boldsymbol{x})=P(\boldsymbol{x}'\boldsymbol{\beta}+\varepsilon>0)=\Phi(\boldsymbol{x}'\boldsymbol{\beta})\equiv\int_{-\infty}^{x'\beta}\varphi(\varepsilon)\mathrm{d}\varepsilon \quad (4.1)$$

若 ε 服从逻辑（Logistic）分布，则有 logit 模型：

$$P(y=1\mid\boldsymbol{x})=P(\varepsilon<\boldsymbol{x}'\boldsymbol{\beta})=\Lambda(\boldsymbol{x}'\boldsymbol{\beta})\equiv\frac{\exp(\boldsymbol{x}'\boldsymbol{\beta})}{1+\exp(\boldsymbol{x}'\boldsymbol{\beta})} \quad (4.2)$$

根据理性人假定、上述描述性分析和相关性推断，对影响就业者职住关系选择的可能因素介绍如下：lgrs（long-residence），职工长期居住地，在大多数情况下，中国人的户籍地即为长期居住地，本文根据职工到成都经开区工作之前的户籍确定其长期居住地类型，包括周边型 $lgrs1$、市内型 $lgrs2$、外来型，其中周边型指户籍地在成都经开区周边且长期居住于该地，市内型指长期居住地在本市但该地与工作地距离较远①，外来型指户籍地和长期居住地不在本市；kid，16 岁以下孩子数量；edu，学历，包括高中及以下、大学、研究生 3 个样本点；$edukid$，孩子与学历的交互项；pos，职务，样本点包括工人、办事员、一般专业技术人员、主管、经理以上；$marr$，婚姻状况，样本点包括已婚和未婚，有极少数职工婚姻状况属于离异、丧偶、分居，也纳入未婚之中。此外，还包括城乡户籍、配偶工作地点（在本开发区为 1，否则为 0）两个虚拟变量、年龄和本开发区工龄两个数值变量。

由于收入数据敏感，受访人在填写收入数据时存在隐瞒行为，使得该数据存在较大测量误差。为此，我们在模型中不使用收入变量，而以职务作为它的代理变量。

4.4 数据来源及描述：成都经开区员工职住关系及其可能的成因

4.4.1 数据来源

成都经济技术开发区属于工业主导开发区，地处成都主城区以东的龙泉驿区大面街道、龙泉街道和柏合镇范围内，2000 年获批为国家级经济技术开发区。为获得该经开区职工居住倾向及其影响因素的信息，课题组采用整群随机抽样方法开展了问卷调查。具体做法是，取得开发区管委会支持，获取开发区企业名单并编号形成抽样框，随机抽样，联系样本企业，尽可能请企业各层级职工都填写问卷，且主要由课题组成员直接发放问卷给受访职工，调查员提供必要指导，问卷现场填好并回收；确实不具备条件的，问卷交由样本企业的联络人负责发放、填写指导和回收。在数据整理阶段，对有疑问、缺漏的问卷，课题组再次通过电话访问予以确认或补充。

在问卷设计过程中即注重遵客观性原则，包括通勤距离不由受访人主观回答，而由课题组通过高德地图计算其工作地与居住地之间的公交和自行车通勤

---

① 下文将其距离界定为 9 公里以上，居住地与工作地常常不属于同一区县。

4 产住融合的影响因素和机制：工业园就业者职住关系分析

距离。调查组共完成问卷 603 份，经过数据真实性、完整性核查①，确认全部变量都有效的问卷共 548 份。

4.4.2 描述性分析和相关性推断

城市特定片区中职住一致的就业者在全部职工中所占的比重即就业者居住平衡率，它与居民就业平衡率构成衡量该片区职住平衡的两翼。根据样本数据计算成都经开区就业者居住平衡率为 0.631，他们的居住范围包括成都经开区内部及周边街道或镇，十年前在开发区较为普遍存在的严重职住分离现象在现今的成都经开区已有较大改观。

我们通过调查就业者的居住地，然后通过高德地图公交路线计算其通勤距离，发现 346 人通勤距离在 9 公里以内（含）（表 4-2），为职住一致职工，故就业者居住平衡率为 0.631，他们的居住范围主要在成都经开区内部及周边街道或镇。另外，样本数据显示成都经济技术开发区样本中有约 31% 职工的公交通勤距离在 5 公里以内，有 45% 左右职工的公交通勤距离在 6 公里以内。

表 4-2 成都经济技术开发区职工公交通勤距离频数分布

距离（公里）	人数	比重	累积比重	距离（公里）	人数	比重	累积比重
0~1	7	1.28%	1.28%	15~16	16	2.92%	85.77%
1~2	12	2.01%	3.28%	16~17	12	2.19%	87.96%
2~3	26	4.74%	8.03%	17~18	7	1.28%	89.23%
3~4	53	9.64%	17.67%	18~19	10	1.82%	91.06%
4~5	75	13.64%	31.30%	19~20	5	0.91%	91.97%
5~6	77	14.00%	45.30%	20~21	4	0.73%	92.70%
6~7	46	8.36%	53.67%	21~22	4	0.73%	93.43%
7~8	29	5.27%	58.94%	22~23	6	1.09%	94.53%
8~9	23	4.18%	63.12%	23~24	4	0.73%	95.26%
9~10	34	6.75%	69.89%	24~25	1	0.18%	95.44%
10~11	19	3.47%	73.36%	25~26	2	0.36%	95.80%
11~12	17	2.37%	75.73%	26~27	2	0.36%	96.17%

---

① 由于收入的敏感性和调查物质激励不足，受访者提供的收入数据真实性欠佳，所以删除了该变量，主要通过职务、学历等变量反映收入的影响。

续表

距离（公里）	人数	比重	累积比重	距离（公里）	人数	比重	累积比重
12~13	15	2.74%	78.47%	27~28	1	0.18%	96.35%
13~14	12	1.82%	80.29%	28~29	1	0.18%	96.53%
14~15	11	2.55%	82.85%	30以上	19	3.47%	100.00%
				合计	548	1	—

在不同通勤距离职工比重上，通勤距离为5~6公里的职工占比最高，为14%；随着通勤距离比5~6公里逐渐缩短或延长，相应的职工占比都逐渐下降，但有3.47%的职工公交通勤距离达到30公里以上，个别职工甚至达到40公里以上，样本职工通勤距离频数呈现明显右偏分布（参见图4-1）。经电话调查核实，通勤距离最长的5%的职工居住在临近郊县，主要以摩托车为交通工具。

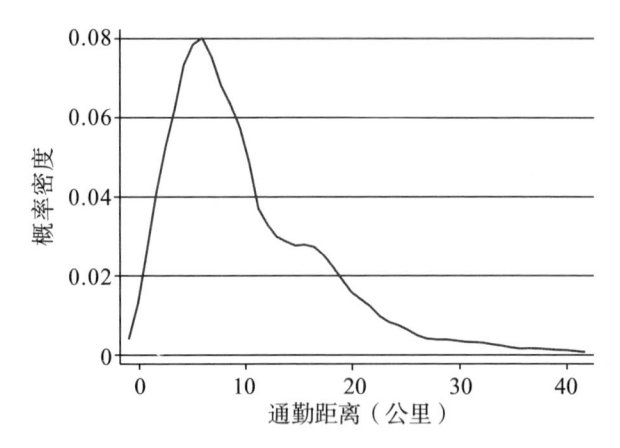

图4-1　成都经开区职工通勤距离概率分布

职住一致样本职工通勤距离中位数为4.9公里，平均值约为5.2公里，标准差约为2.14公里（参见表4-3）。职住分离就业者通勤距离中位数约为职住一致的2.95倍，其均值约为职住一致的3.5倍。职住分离职工面临较高的通勤成本，根据高德地图早晚高峰期实时计算，其平均自驾车通勤时间为58分钟，公交时间则大约为自驾通勤时间的1.5倍。

4 产住融合的影响因素和机制：工业园就业者职住关系分析

表4-3 数值变量的基本统计量

类别	样本均值	标准差	中位数	极小值	极大值	样本容量
职住一致通勤（公里）	5.197	2.139	4.9	0	9	346
职住分离通勤（公里）	18.170	10.265	14.45	9.1	59.4	202
本经开区工龄（月）	57.523	52.830	40	1	444	548
年龄	35.521	8.877	33	18	53	548
≤16岁孩子（个）	0.653	0.694	1	0	4	548

职工的长期居住地[①]是本书关注的重要变量[②]，按照长期居住地与工作地的交通距离，我们将其分为三种类型：周边型——长期居住地与工作地最近交通距离在9公里以内；市内型——长期居住地在本市但它与工作地最近交通距离在9公里以上；外来型——长期居住地在本市以外，距离工作地遥远。表4-4显示，三类长住地职工的样本比例分别为22.6％、37.4％、40％。不同长住地类型职工居住平衡率呈现了十分显著的变化，工作地周边职工几乎都实现职住一致，其居住平衡率为0.968；大多数市内型职工职住分离，其居住平衡率仅为0.244；大多数外来型职工职住一致，其居住平衡率达到0.804。市内型又职住分离的155名职工中，长住地在成都经开区所在的龙泉驿区的为48人，在中心城区的为73人，在龙泉驿区周边的成都卫星区市县的为34人。市内型又职住一致的50名职工中，其长住地绝大多数（42人）都属于与龙泉驿区不相邻的成都卫星区县（或县级市）。

表4-4 长期居住地类型与居住平衡率

长住地类型 职住关系	工作地周边	市内型	外来型	总计
职住分离	4	155	43	202
职住一致	120	50	176	346
长住地结构	22.63％	37.41％	39.96％	100％
居住平衡率	0.968	0.244	0.804	0.631

---

① 认定为职工到成都经开区工作之前已落定的户籍地，为简洁起见，下文某些地方将其称为长住地。

② 若非特别说明，本章所指的户籍都是指劳动者到成都经开区工作之前已落定的户籍。少数职工到本开发区工作以后变动了户籍，变动后的户籍不作为解释变量观察值。

类别变量的相关性可通过皮尔逊（Pearson）χ^2 独立性检验[①]呈现，检验可知 Pearson $\chi^2(2) = 234.68$，p 值 $= 0.000$，Cramér's $V = 0.654$，显示长住地类型与职住关系具有强相关关系。

表 4-5 呈现了未删除无效样本个体的情况下职工的学历结构，其中初中学历占比 27%，高中学历占比 33%，大专学历占比 21%，本科学历占比约为 16%，硕士研究生及以上学历占比约 2.8%。删除存在异常观察值、变量观察值缺漏等无效样本个体后，其学历结构发生了细微变化，样本个体中高中及以下、大学、研究生学历人数所占比重分别为 59.5%、37.8%、2.7%。高中及以下学历样本职工的居住平衡率为 0.66，大学学历职工的居住平衡率为 0.61，研究生居住平衡率为 0.6（参见表 4-6），随着学历层次逐渐提高，其居住平衡率呈现递减态势。χ^2 独立性检验发现 p 值 $= 0.228$，不能拒绝学历与职住关系独立的原假设。不过计算可知，职住分离研究生期望频数为 5.42，接近临界值 5，可能影响 χ^2 独立性检验的有效性。

表 4-5 样本职工学历结构

学历	频数	频率	累积%
初中	164	0.271605	0.271605
高中	200	0.33157	0.603175
大专	127	0.209877	0.813051
本科	96	0.15873	0.971781
硕士研究生	14	0.022928	0.994709
博士研究生	3	0.005291	1

表 4-6 学历结构与居住平衡率

类别	≤高中	大学	研究生
职住分离	115	81	6
职住一致	211	126	9
总计	326	207	15
学历结构	59.4%	37.7%	2.7%
居住平衡率	0.65	0.61	0.6

[①] 其统计量为：$\chi^2 = \sum\sum \frac{(f_{ij} - f_{e,ij})^2}{f_{e,ij}}$，其中 f 为频数，f_e 为期望频数，ij 为行号与列号。

4 产住融合的影响因素和机制：工业园就业者职住关系分析

从职工孩子（年龄≤16岁）数量看（参见表4-7），样本职工中没有孩子的占49.8%，有1个孩子的占43.4%，有2个以上孩子的占6.8%。没有孩子、拥有1个孩子、拥有2个以上孩子的开发区就业者的居住平衡率分别为0.681、0.597、0.486，直观发现孩子数量与就业者居住平衡率负相关。χ^2独立性检验发现，$Pearson\ \chi^2(2)=6.255$，$Pr=0.044$，$Cramér's\ V=0.109$，显示孩子数量与职住关系在5%显著性水平上存在相关性，随着孩子数量增加，就业者选择在工作地周边居住的意愿下降，职住一致的职工数减少，从而职工居住平衡率下降。

表4-7 职工孩子数量与职住关系

孩子	0	1	2个以上	合计
职住分离	87	96	19	202
职住一致	186	142	18	346
孩子分布	49.8%	43.4%	6.8%	100%
居住平衡率	0.681	0.597	0.486	0.631

从职务结构看，样本个体中普通工人、办事员、普通专业技术人员、主管、经理以上人数所占比重分别为33.4%、35%、17.7%、7.5%、6.4%，他们的居住平衡率分别为0.66、0.63、0.58、0.49、0.46（参见表4-8），随着职务逐渐提高，其居住平衡率呈现递减态势，反映职务与就业者居住平衡率呈负相关关系。χ^2独立性检验发现，$Pearson\ \chi^2(4)=10.1$，$Pr=0.039$，$Cramér's\ V=0.136$，显示开发区就业者职务与职住关系在5%显著性水平上存在相关性[1]，随着职务上升，就业者职住一致的减少，居住平衡率下降。

表4-8 就业者职务与职住关系

类别	普通工人	办事员	普通专业技术人员	主管	经理以上	合计
职住分离	62	72	41	21	19	202
职住一致	121	120	56	20	16	346
合计	183	192	97	41	35	548
职务结构	33.4%	35.0%	17.7%	7.5%	6.4%	100%
居住平衡率	0.66	0.63	0.58	0.49	0.46	0.63

---

[1] 上述几次χ^2独立性检验主要通过计算Pearson卡方统计量进行，计算似然比卡方统计量也能得到同样的结论。

从职工住房结构看，居住保障房屋[①]、一般性市场租赁房（以下简称租赁房）、自有产权房的职工分别为12%、29.7%、58.2%（参见表4—9）。其中职住一致就业者在工作期间住保障房的占15%，住普通市场租赁房的占37%，显示保障房供给水平有待提高。值得注意的是，外来型职工中有17.7%远离[②]工作地租房居住，有29%远离工作地购房居住，表明经开区周边居住吸引力不够理想。

表4—9 不同职住关系、长住地类型职工的住房情况

类别	保障房	其中外来型	租赁房	其中外来型	自有房	其中外来型	总计
职住分离	14	3	35	20	153	20	202
职住一致	52	34	128	93	166	49	346
总计	66	37	163	113	319	69	548
全样本住房结构	12.0%		29.7%		58.2%		100%
职住一致者住房结构	15.0%		37.0%		48.0%		100%
居住平衡率	0.788	0.919	0.785	0.823	0.520	0.710	

4.5 回归分析

4.5.1 logit 与 probit 模型回归分析

4.5.1.1 回归参数及检验

我们利用前文所述调查数据，运用最大似然估计法，分别按照logit模型、probit模型进行回归分析，发现职工长住地类型、孩子数量、孩子与学历交互项、职务和婚姻状况对职住关系选择的影响是显著的（参见表4—10），城乡户籍、配偶工作地点、年龄和本开发区工龄等变量不显著。模型预测正确的个体达到453。

[①] 这里的保障房做广义理解，包括政府提供的人才公寓、公租房、廉租房和单位提供的免费或低价租赁房。

[②] 若非特别说明，本书中"周边""远离（或分离）"与前述关于职住关系、户籍类型界定中的"周边""远离（或分离）"含义一致。

4 产住融合的影响因素和机制：工业园就业者职住关系分析

表 4-10 就业者职住关系二值选择模型回归

类别	（1）logit 一般回归	（2）logit 稳健标准误回归	（3）Probit 稳健标准误回归
工作地周边 DV（Dummy Variable）	2.348***	2.378***	1.297***
	(0.561)	(0.488)	(0.230)
市内型 DV	−2.596***	−2.596***	−1.553***
	(0.253)	(0.258)	(0.145)
孩子	0.725*	0.725**	0.438**
	(0.373)	(0.317)	(0.189)
学历 * 孩子	−0.816***	−0.816***	−0.485***
	(0.259)	(0.234)	(0.133)
职务	−0.143*	−0.143*	−0.076*
	(0.085)	(0.086)	(0.041)
婚姻 DV	−0.448*	−0.448*	−0.229*
	(0.257)	(0.336)	(0.132)
常数	−0.251	−0.251	−0.221
	(0.351)	(0.376)	(0.210)
N	548	548	548
Wald $\chi^2(6)$	267.68***	179.15***	225.44***

注：①括号中为标准误。②* 表示 $p<0.1$，** 表示 $p<0.05$，*** 表示 $p<0.01$。

参见表 4-11，正确率达到 83%，模型拟合度高。通过似然比检验（LR test）异方差问题，发现 p 值为 0.0054，拒绝扰动项同方差的原假设，对 logit 模型做稳健标准误回归，发现其标准误和普通标准误差异很小，可以认为模型设定正确。logit 回归方程中显著的变量在 probit 回归方程中也显著，二者能够相互印证。

表 4-11 logit 回归方程预测表

类别	观察值=1	观察值=0	合计
预测值≥0.5	293（√）	42	335
预测值<0.5	53	160（√）	213
合计	346	202	548

77

4.5.1.2 职住关系影响因素的边际效应分析

回归方程中各解释变量的参数表明，影响职住关系的主要因素包括职工长住地类型、孩子数量及其与教育水平的交互项、职务和婚姻状况。从作用大小看，长住地类型因素影响很突出，其余因素影响程度略轻，但也不能忽视；从作用方向看，周边型、外来型对就业者选择职住一致有正向影响，市内型、孩子数量与学历提升、职务晋升、已婚对就业者选择职住一致有负向影响。

令职工选择职住一致的概率为 p，即 $P(y=1|x)=p$，根据式 4.2 和回归参数，则有概率

$$\frac{p}{1-p} = \exp\begin{bmatrix} 2.348huko1 - 2.596huko2 + (0.725 - 0.816edu)kid \\ -0.143pos - 0.448marr \end{bmatrix}$$

(4.3)

在其他条件不变时，令 x_j 增加 1 个单位后职工选择职住一致的概率为 p^*，则有概率比（odds ratio）

$$\frac{p^*/(1-p^*)}{p/(1-p)} = \exp(\hat{\beta}_j) \tag{4.4}$$

由此可计算各解释变量的平均边际效应[①]。表 4-12 显示，工作地周边职工选择职住一致的概率是外来型[②]职工的 3.235 倍，市内型职工选择职住一致的概率为外来型的 0.075 倍，就业者职务每提升 1 个层级，则其职住一致概率降为原来的 0.867 倍，已婚职工选择职住一致的概率为未婚职工的 0.639 倍。而孩子数量对职工职住一致概率的边际效应受到学历的显著影响，当职工学历为高中及以下时，增加 1 个孩子使其平均职住一致概率降低为原来的 0.913 倍；当学历为大学时，这个数字变动为 0.404；当学历为研究生时，这个数字进一步降低为 0.179。

[①] 另外一种对 logit 模型计算平均边际效应的常用方法是在自变量取均值（含非线性的自变量本身的均值）时直接对模型 $P(y=1|x) = \Lambda(x'\beta) \equiv \frac{\exp(x'\beta)}{1+\exp(x'\beta)}$ 求导，即：$dP(y=1|x)/dx_j = \frac{\exp(x'\beta)}{[1+\exp(x'\beta)]^2}\beta_j$，此种方法和本文所用方法计算结果相同。probit 模型同理。

[②] 由于虚拟变量陷阱，该户籍类型不在模型中出现。概率比计算过程中，1 个户籍虚拟变量从 0 增加到 1，模型中的另一个户籍虚拟变量不变，所以比较对象为模型中未出现的户籍类型。具体而言，周边型户籍虚拟变量从 0 变动到 1，指从外来型变动为周边型户籍；市内型户籍虚拟变量的变动亦同此理。

4 产住融合的影响因素和机制：工业园就业者职住关系分析

表 4-12 解释变量的平均边际效应

解释变量	周边型	市内型	孩子	职务	婚姻
平均边际效应（概率比）	3.235	0.075	exp(0.725−0.816edu)	0.867	0.639

由于 logit 模型为非线性模型，解释变量的边际效应随着取值的变化而变化，以下通过举例更为直观反映解释变量的边际效应（参见表 4-13）。职工长期居住地为周边型虚拟变量、市内型虚拟变量、婚姻虚拟变量为 0（未婚）、孩子数为 1、学历为 2（大学）、职务为 3（普通专业技术人员）时，平均而言，回归方程预测该类型外来型职工职住一致的概率 $P(y=1|x)$ 为 0.733。其他条件不变，长期居住地变动为工作地周边，则职住一致概率提高 0.234；长期居住地变动为市内型，则职住一致概率降低 0.563；职务从一般专业技术人员上升到主管，则职住一致概率下降 0.028；婚姻状况从未婚变动为已婚，则职住一致概率下降 0.096。同时发现，孩子数量的增加本身并不会对就业者职住一致产生负面影响，随着学历提升，职工才因为孩子数量增加而更加倾向于职住分离。采用 probit 回归方程也可以呈现相近的边际效应，可以与 logit 回归方程相互印证。

表 4-13 在特定观察值的边际效应

解释变量	周边型	市内型	孩子	孩子与教育交互项	职务	婚姻
边际效应（dp/dx）	0.234	−0.563	0.142	−0.160	−0.028	−0.096
观察值	0	0	1	2	3	0

根据回归结果对就业者职住一致概率的预测和各因素边际效应分析反映出三个突出的特点：①预测概率随长期居住地变动出现了大幅度变动，显示长期居住地是影响职住关系的首要因素；②在长期居住地不变的情况下，职务和学历较高又抚养较多孩子的已婚职工，选择职住一致的意愿出现了明显下降，显示职务、学历、孩子数、婚姻 4 个因素的作用也不可忽视；③低学历者不会因为孩子数量增加而倾向职住分离，孩子对就业者职住关系选择的作用受到学历的影响，且学历的影响非常突出。

4.5.2 一个稳健性检验：开发区职工购房地点选择与职住关系

通过样本数据观察发现，职工到成都经开区工作之后购买商品房并且居住该房屋的有112位（以下略去"到成都经开区工作之后"而简称"购房职工子样本"），他们的购房地点选择（远离工作地或在工作地周边）也就是其职住关系选择，由于购房是家庭大事，所以这种选择极为慎重，选择之后具有很强的稳定性，对这部分就业者职住关系选择的分析，可以作为全样本回归分析的一个稳健性检验。

购房职工的长期居住地类型和购房地点参见表4—14，直观发现长期居住地类型对购房地点选择影响很突出；同时与表4—4比较发现，其他因素一致时，购房职工选择职住一致的意愿有所降低。

表4—14 到开发区工作后购房居住的样本职工类型（按长期居住地划分）和购房地点

购房地点 \ 长期居住地类型	工作地周边	市内型	外来型	合计
远离工作地	1	31	15	47
工作地周边	24	4	37	65
合计	25	35	52	112
工作地周边购房比例	0.960	0.114	0.712	0.580
职住一致概率 $p/(1-p)$	24.000	0.129	2.467	1.381

成都经开区购房职工子样本logit回归发现：平均而言，市内型职工的职住一致概率为周边型职工的0.004倍，二者在职住关系选择上呈现突出的对立状态——周边型职工几乎都遵循职住一致原则购房居住，市内型职工绝大部分选择职住分离；外来型职工购房居住时遵循职住一致的概率为周边型职工的0.113倍，不过由于后者绝对数值很大，前者的绝对数值仍然大于1，即外来型就业者购房时遵循职住一致的概率大于0.5；职务每提升1个层级，职住一致的概率下降为原来的0.541倍；已婚职工购房居住时遵循职住一致的概率只有未婚职工的0.363倍。孩子数量变动的边际效应同样依赖于学历水平，当学历为大学时，孩子每增加1个将使得职工遵循职住一致原则购房的概率平均下降为原来的0.097倍（参见表4—15）。总之，对购房职工子样本数据回归分析所揭示的职住关系影响因素与全样本回归分析结果一致，印证了全样本回归分析的稳健性。

4 产住融合的影响因素和机制：工业园就业者职住关系分析

表 4-15 购房居住职工子样本 logit 模型估计

类别	市内型 DV	外来型 DV	孩子×学历	职务	婚姻 DV	常数
参数估计值	-5.521***	-2.18**	-1.166***	-0.614**	-1.012**	8.431***
	(1.237)	(0.977)	(0.388)	(0.276)	(0.441)	(1.936)
概率比变动结果	0.004	0.113	exp(-1.166×学历)#	0.541	0.363	
样本量 112		Wald 检验：$\chi^2(5)=45.74$***			正确预测率 90.3%	

注：①括号内为稳健标准误；②*** 表示 $p<0.01$，** 表示 $p<0.05$，* 表示 $p<0.1$；③#单元格指孩子数量变动对应的概率比变动情况。

4.5.3 回归结果的经济解释

回归分析显示长期居住地对职住关系的波动呈现了很高的解释力，长期居住地类型之所以对职住关系选择产生统计和经济上都很显著的影响，一个重要的原因在于人们在长期居住地所形成的亲邻关系。亲邻关系即亲属、朋友、邻里[①]关系，它是人们在居住地获得归属感的基础，人们因此而形成"安土重迁"的观念。传统亲邻关系是血缘和地缘关系的结合，由于交通和通信发展，现代城市居民的亲邻关系中地缘关系的重要性有所降低，不过仍是影响居住搬迁的重要因素。若非购房居住，居住搬迁的经济成本并不高，主要成本在于亲邻关系成本，它包括因为搬迁而部分或全部失去的亲邻关系，也包括在新的生活环境建立亲邻关系的成本，而后者常常面临较大的不确定性，所以职工在新的生活环境中往往缺乏归属感[②]。

当长期居住地与工作地一致的时候，职工既可以享受亲邻关系带来的归属感，也只是承担合意的通勤成本，所以周边型职工基本上实现职住一致，仅有极少数由于孩子教育等原因而选择职住分离。

当长期居住地与工作地远离的时候，职工将根据居住搬迁成本（亲邻关系成本+经济成本）和通勤成本（经济成本+时间成本[③]+通勤痛苦成本）"两害相衡取其轻"的原则选择职住关系，如果前者小于后者，就倾向于职住一致；反之则倾向于职住分离。对于外来型职工而言，如果居住在长住地，在合意时

[①] 邻里既指邻居，也包括提供商业和公共服务的街坊。

[②] 正因为如此，一个主要由陌生人组成的城市社区往往不如熟人社区那样和谐稳定。

[③] 严格说来，通勤时间成本属于经济成本中的机会成本，为强调其重要性，这里将其单独表述。

间内完成通勤任务的成本将高昂到无法承受[①]，远远大于居住搬迁成本，所以他们倾向职住一致，呈现较高的就业者居住平衡率。

市内型职工可以分为三类：第一类为成都经开区所在的龙泉驿区内的职工，包括长期居住地在龙泉驿区农村的职工；第二类为长期居住地在成都主城区和与龙泉驿区相邻的卫星区县（或县级市）的职工；第三类为长期居住地在与龙泉驿区不相邻的卫星区县（或县级市）职工。第一类和第二类中的绝大多数职工的通勤成本比较高，但居住搬迁到工作地周边的亲邻关系成本和经济成本更高，所以他们倾向于职住远离，其中的农村职工因此大多呈现离土不离乡状态。第三类职工与外来型职工类似，倾向于职住一致。但第三类职工人数很少，市内型职工总的来说倾向于职住分离。

家庭关系是亲邻关系中最根本的部分，它对职住关系选择存在直接影响。已婚职工家庭关系较为丰富，在选择职住关系时，通勤成本相对于婚姻家庭关系显得较为次要，因此更加倾向于职住分离；未婚者家庭关系相比之下较为简单，且有的青年人存在从父母身边独立出来的倾向，这使得他们选择职住一致的倾向有所增强。

孩子对就业者职住关系选择的作用受到职工学历的突出影响，随着学历的提升，有孩子的就业者选择职住一致的概率呈现几何倍数式的下降。一个合理的解释是低学历的职工没有意识到孩子教育问题的重要性，或者没有能力在更广的范围内为孩子择校而选择就近入学，从而倾向职住一致；学历越高的职工越重视孩子教育问题，也更有能力解决该问题，他们宁愿承担较高的通勤成本，远离工作地以便靠近理想教育资源。

职位对职住关系选择的影响反映了收入和社会地位的作用，更高职务意味着更高的收入水平和社会地位，他们有意愿也有能力在商业服务、公共服务、游憩配套更完善的城市社区生活，而成都经开区周边的生活服务配套不足[②]，较多高职位就业者宁愿支付更高的通勤成本选择远离工作地居住生活。

4.6　本章小结

我们通过抽样调查获取成都经开区职工数据，通过二值选择模型回归分析发现长期居住地类型、孩子数量及其与职工学历的交互作用、职务与婚姻等因

[①] 只有通过直升机等前沿方式才可以在合意时间内完成那样的通勤任务。

[②] 这在当地被称为"产强城弱"。

4 产住融合的影响因素和机制：工业园就业者职住关系分析

素对就业者职住关系的影响是显著的，其中长期居住地类型的影响尤为突出，揭示了经开区就业者职住关系选择的内在原因。

第一，职工在很大程度上根据居住搬迁成本（亲邻关系成本＋经济成本）和通勤成本"两害相衡取其轻"的原则选择居住地点，从而形成相应职住关系，因此周边型、外来型、未婚职工倾向于职住一致，市内型、已婚职工倾向于职住分离。

第二，随着学历提升，职工愈加重视孩子教育问题，对优质教育资源愈加敏感；随着职务提升，职工愈加重视宜居环境。而成都经开区周边生活、教育资源配套不足，使得高学历、高职务就业者更愿意远离工作地居住，因此他们的居住平衡率较低。

上述发现蕴含的政策意义主要包括以下几点：

首先，应将促进外来职工职住一致作为经开区职住平衡工作的基本任务，降低其居住搬迁经济成本，强化外来职工社区亲邻关系。在经开区周边为他们充分供给包括限价房、公租房、人才公寓在内的保障房，并加强外来职工社区建设，通过丰富多彩的社区活动促进他们的感情交流，增强职工亲邻关系和归属感，强化其职住一致倾向。

其次，应尊重长期居住地在本市但和工作地距离较远的职工因为居住搬迁的亲邻关系成本和经济成本高于通勤成本而形成的职住分离现象，不宜片面动员他们实现职住一致，而宜设法提升其通勤的便捷性和舒适性，降低其通勤时间成本和生理成本[①]，其措施包括加快轨道交通建设、促进公共交通个性化，等等。由于经开区职工为早晚通勤，上班期间经开区内部人流量很少，常规运行公共汽车会出现相应的运力不足和公共资源浪费现象，所以个性化的公交，包括企业定制、从企业到地铁站的路径设计等个性化方式是值得推行的。

最后，应在经开区周边6公里半径内适当区位规划布局高质量生活区，完备配套优质教育、医疗、商业、游憩、文化、居住等功能，提高职工子女教育保障力度，吸引包括高学历、高职务在内的经开区就业者在工作地就近居住，推进职住一致，提高居住平衡率。经开区周边6公里半径既有助于实现职工通勤距离在9公里之内，又能隔离经开区内部可能存在的污染。随着成都经开区等国家级开发区转型发展步伐加快，生产清洁化、低碳化日益加强，在其周边布局高质量生活功能区的可行性进一步增强。关于高质量生活区的区位选择，以既在上述半径之内又靠近或融入母城为宜，以便利用母城既有功能。

---

① 车马劳顿，乘车带来一定程度的痛苦。

5 产地融合的影响因素和机制：工业用地效率分析

产城融合是作为城镇基本要素之一的产业与城镇的其他两个基本要素——人口和载体的融合。我们已多次提到，产城融合是针对工业园"孤岛"和城市新区[①]"空城"提出来的。在上一章我们讨论产住融合问题，探讨了工业园"孤岛"问题的解决思路和方案，在本章我们将围绕"空城"问题展开讨论。

"空城"问题属于城市载体和产业不融合不协调的问题，突出表现为城镇产业用地占用过多，产业用地相应的管网、道路等基础设施和厂房等产业载体建设过多，但产业发展不足，造成产业载体闲置或低效利用。为此本章围绕地级城市工业用地效率问题，分析投资强度、就业密度、技术进步的影响，探讨提高工业用地效率，提升产地融合度的解决思路和对策。

5.1 文献回顾

在政策实践上，遵循《工业项目建设用地控制指标》（国土资发〔2008〕24号）等政策法规的精神，工业用地固定资产投资强度被作为各地方政府招商引资的重要门槛。那么，重视投资强度的政策究竟在多大程度上推进了工业用地高效产出？除了投资强度，其他因素——工业就业密度、全要素生产率（TFP）又在多大程度上影响了工业用地产出率的提升？它们有何区域差异？

工业用地效率可以用投资强度、就业密度、产出效率等指标衡量。张琳和王亚辉（2015）从微观企业视角探讨了工业用地产出效率的影响因素，发现工业用地地均资本对产出效率的弹性系数为0.346，地均劳动对它的弹性系数为

[①] 工业园一般是城市新区的一部分，尽管大多数工业园在实践中没有被称为城市新区。

0.142。Antonio Ciccone 等人（1996）发现美国县域内就业密度提升一倍，平均劳动生产率可以提高 6%。学者们还发现全要素生产率（TFP）尤其是技术进步对工业用地产出率具有重要影响，容积率和投资强度达不到建设控制标准，工业园土地供需比例过高，土地和劳动力投入冗余使得工业用地效率较低，以分税制为代表的财政分权和以晋升锦标赛为特征的地方政府竞争对工业用地利用效率产生负向影响，需加大资本、劳动力要素投入以提高工业用地效率。

在 CNKI 和 EBSCO 数据库检索发现，近几年来关于工业用地利用效率影响因素问题的文献逐渐增加，这些文献发现投资强度、就业密度、全要素生产率、土地市场化、政府竞争、区位、产业结构等都是工业用地产出率的重要影响因素。这些因素可分为直接因素和间接因素两大类，间接因素通过影响直接因素进而影响用地效率。关于直接因素——投资强度、就业密度和全要素生产率的研究观点包括：①工业用地地均资本对产出率的弹性系数为 0.346，地均劳动对它的弹性系数为 0.142，容积率和投资强度达不到建设控制标准，工业园土地供需比例过高，土地和劳动力投入冗余使得工业用地效率较低；②全要素生产率（TFP）尤其是技术进步对工业用地产出率具有重要影响，对 2001—2012 年工业用地生产效率实证研究表明全国总体和绝大多数省份的工业全要素生产率呈递增趋势。

关于间接因素的研究观点包括：①工业用地市场化改革能显著提高中国工业用地利用效率，政府干预会降低城市工业用地效率，应减少地方政府对工业用地出让程序和出让价格的干预；②工业用地价格调控可以有效促进工业用地集聚，从而提高工业用地效率；③不能忽视废水、废气等工业非期望产出，否则会高估工业用地生产效率，需通过产业升级以提升工业用地效率；④政府竞争对城市工业用地利用效率有明显影响；⑤区位因素与土地利用效率紧密相关，城市化率更高的地区比外围地区更能实现工业用地高效利用，需促进制造业的空间布局优化，与区位因素类似的还有土地等别影响用地效率的观点。

在工业用地产出率研究中的计量经济模型设计上，较多学者采用了生产函数模型，不过土地要素在工业生产函数中出现的形式并不统一。①土地属于资本：在柯布—道格拉斯（Cobb-Douglas）模型的原型中，在索洛（1957）、肯德里克（1963）和周方（1999）关于生产函数的分析中，土地作为资本的一部分并不单独出现。②土地与其他要素并列：陈利根和龙开胜等（2008）、林荣茂和刘学敏（2008）、杨杨和吴次芳等（1010）、王克强和熊振兴等（2013）、李谷成等（2015）学者将土地和劳动、资本并列纳入生产函数中作为产出的解释变量[1]。③土地为其他要素的分母：在少数学者构建的生产函数中，土地是作为产出、投资和劳动的分母出现的，比如 Antonio Ciccone & Robert E. Hall (1996)、黄大全和梁进社（2009）、林坚和张沛（2014）等的研究。

文献梳理表明，当前关于工业用地产出率的研究不仅包括了具有基础影响的直接因素，也深入到了这些直接因素背后的影响因素。不过，关于直接因素的研究更需要得到重视，因为：①仅有很少成果呈现了投资强度、就业密度和 TFP 各因素对城市工业用地产出率的具体影响程度。②对各影响因素地位的观点仍然存在分歧。比如，王希睿、吴群等（2015）认为容积率和投资强度达不到建设控制标准是工业用地投入损失的主要原因。陈利根教授等（2008）认为技术进步和投资强度是更主要因素，而郭贯成和熊强认为工业行业技术水平对城市工业用地效率的影响还有待检验。③现有文献大多利用省级面板数据展开研究，仅有个别学者利用地级以上城市工业用地相关数据展开研究。④土地要素在工业生产函数中出现的形式并不统一，如何在工业生产函数中以恰当的形式反映工业用地的作用？

本章将以适当的方式在柯布－道格拉斯生产函数（C-D 函数）中反映土地要素的作用，基于中国地级城市工业面板数据，构建双向固定效应模型，探讨投资强度、就业密度和 TFP 对工业用地产出率的影响程度，并提出政策建议。

5.2 模型

如上所述，在工业生产函数模型构建时，有的学者把土地视为资本的一部分将其纳入资本之中，但是这与农业领域不一样，土地在工业生产过程中并不发生消耗和转移，工业用地与资本具有不同属性，将其纳入资本必须满足一个很强的假设条件：工业用地总是与资本和劳动相匹配的，恰好满足资本和劳动的承载需要——这显然不符合实际。有的学者将土地与资本和劳动要素并列，但在工业生产领域，土地主要是作为地基、操作的场地与空间发挥作用[2]，在劳动和资本的土地承载需求得到满足的正常生产情况下，土地对于劳动和资本不存在真正意义上的边际替代关系，比如，如果减少资本投入，无论增加多少

---

[1] 李谷成、陈利根和龙开胜在规模报酬不变的假设下将该函数变换为地均产出关于地均资本和就业密度的函数形式，但这种假设与其推导出的函数形式不能兼容。

[2] 毕宝德、柴强、李铃等：《土地经济学（第六版）》，中国人民大学出版社 2011 年版，第 8 页。

土地都无法实现工业产量不减少。所以，在工业生产函数中把土地作为资本的一部分，或者将资本、劳动和土地三要素并列作为产出的解释变量都是不够妥当的，应将工业用地作为其他要素的分母。另外，根据经济主体动力学关系导向原则，模型解释变量应由被解释变量的直接影响因素担任，间接因素与直接因素共同作为解释变量的做法会带来多重共线性等问题。由此发展C–D函数构建工业用地产出率面板模型：

$$\left(\frac{y_{it}}{m_{it}}\right) = A_{it}\left(\frac{k_{it}}{m_{it}}\right)^{\alpha}\left(\frac{l_{it}}{m_{it}}\right)^{\beta}\exp(\varepsilon_{it}), i=1,2,\cdots,n,\quad t=1,2,\cdots,T \tag{5.1}$$

式（5.1）中，y_{it}为城市工业生产总值，m_{it}为城市工业用地，k_{it}为城市工业固定资产，l_{it}为城市工业就业量，α和β分别为地级城市工业用地投资强度和就业密度①的产出弹性。A_{it}为中性技术进步，是生产函数任意一种形式变动的简称，经济的加速或减速、劳动力教育质量的改进、各种各样移动生产函数的因素都可归入"技术变化"之中，这种技术进步既随时间而变，也可能因个体而异。

这里讨论工业用地单位面积上的资本、劳动和产出，相当于控制土地要素投入使其保持不变，适用边际报酬递减规律，所以$\alpha+\beta<1$。也就是说，在包括技术在内的其他条件不变的情况下，如果让一块正常发挥承载功能的工业用地的投资强度和就业密度同时增加φ倍（$\varphi>0$），其产出率的提高幅度$\varphi^{\alpha+\beta}$将在开区间（0，φ）之内。

考虑到样本点的个体特征、不可观测的遗漏变量和数据获得性问题，设计以下工业用地产出率双向固定效应模型：

$$\left(\frac{y_{it}}{m_{it}}\right) = \left(\frac{k_{it}}{m_{it}}\right)^{\alpha}\left(\frac{l_{it}}{m_{it}}\right)^{\beta}\exp(z'_i\delta + \lambda_t + u_i + \varepsilon_{it}),$$
$$i=1,2,\cdots,n,\quad t=1,2,\cdots,T② \tag{5.2}$$

式（5.2）中，λ_t为不随个体变动但随时间而变的时间固定效应，包括技术进步、宏观经济变动、产业政策影响等变量；z_i为不随时间而变的个体特征变量向量，u_i为不可观测的个体异质性，表示不随时间变动但随个体变动的

---

① 为表述方便，下文一般将"地级城市工业用地投资强度""地级城市工业用地就业密度""地级城市工业用地产出效率"简称为"投资强度""就业密度""产出效率"。

② 在靳云汇、金赛男编著的《高级计量经济学（下册）》（北京大学出版社 2011 年版）中，双向固定效应模型（在该书179页）没有出现不随时间而变的个体特征变量向量z_i，但事实上它和不可观测的个体固定效应是存有差别且对被解释变量是有影响的［参见陈强编著：《高级计量经济学及Stata应用》（第二版）》，高等教育出版社 2013 年版，第 251 页］。

遗漏变量，它与 z_i 的差别在于"不可观测"，$z_i'\delta + u_i \equiv \eta_i$ 为全部不随时间而变的个体固定效应，包括区位、自然环境、历史人文环境等变量；$u_i + \varepsilon_{it}$ 构成复合扰动项。

对式（5.2）两边取对数得：

$$\ln\left(\frac{y_{it}}{m_{it}}\right) = \alpha\left(\frac{k_{it}}{m_{it}}\right) + \beta\ln\left(\frac{l_{it}}{m_{it}}\right) + z_i'\delta + \lambda_t + u_i + \varepsilon_{it},$$
$$i = 1, 2, \cdots, n, \quad t = 1, 2, \cdots, T \tag{5.3}$$

5.3 数据与描述性统计

出于样本代表性和经济性的考虑，采用分层抽样的方法从全国 27 个省级行政区[①]中按 1/3 比例抽取地级城市样本点，当"层个体数×1/3"不为整数时，采用舍弃小数的办法确定层样本量，得到包含 93 个城市的总样本，其中东部城市 29 个、中部城市 31 个、西部城市 33 个。从《中国城市统计年鉴》《中国城市建设统计年鉴》或《中国城市建设统计年报》中采集 1998[②]—2019 年各样本城市市区的工业用地、工业就业、工业企业固定资产和工业总产值等数据形成短面板数据。

关于解释变量和被解释变量的指标选取具体说明如下：①选取地级城市市辖区数据进行分析，有利于排除因为城市层级不同而形成的差别，有利于排除城市工业与乡镇工业和独立工矿区工业的差别，从而增强数据的可比性；②工业就业、固定资产和总产值只能得到规模以上工业数据，和工业用地之间不完全匹配，鉴于地级城市规模以下工业企业占地数量少，在各类工业发展数据中占比也很小，假定它对本书研究产生的偏误在可接受的范围之类；③投资强度采用"工业固定资产/工业用地面积"得到，没有以"年度工业投资/工业用地面积"衡量，一方面因为所有固定资产都参与了工业生产，另一方面这也是工业用地评价实践的做法；④工业固定资产为经过扣减折旧、减值准备之后的期末余额；⑤由于地级城市市辖区缺乏部分年份的工业增加值统计数据，采用"规上工业总产值/工业用地面积"衡量市辖区工业用地产出率；⑥以"工业就业人数/工业用地面积"衡量就业密度。

数据处理工作包括：①根据《中国统计年鉴》计算 GDP 平减指数，然后

---

① 不包括北京、上海、天津和重庆 4 个直辖市。
② 因为《中国城市建设统计年鉴（年报）》自 1998 年开始编制，笔者没有发现获得 1998 之前年份城市工业用地数据的其他途径。

5 产地融合的影响因素和机制：工业用地效率分析

把历年工业生产总值、固定资产价值都按照1990年价格进行折算，以实现可比性；②对样本个体时间序列中个别遗漏数据、明显畸高或畸低的数据，推断其出现统计工作失误，以该样本点前后年份数据的平均值代替，或以之前几年的平均增速推断；③如果样本点的某一变量出现连续2年以上的明显异常值或缺漏值，则删除该年份观察值；④以普通箱形图——以"75%分位数+1.5倍4分位间距"为箱形图上侧内篱笆，以"25%分位数-1.5倍4分位间距"为箱形图下侧内篱笆——找出离群值并删除。

观察历年样本均值，可以发现产出率和投资强度呈现逐年上升态势，而就业密度则呈总体下降态势（图5-1）①。直观显示，工业用地投资强度对产出率存在积极贡献，而就业密度可能存在负的影响，就业密度的下降态势折射出持续的技术进步等全要素生产率的存在，后者可能是影响工业用地产出率的重要因素。

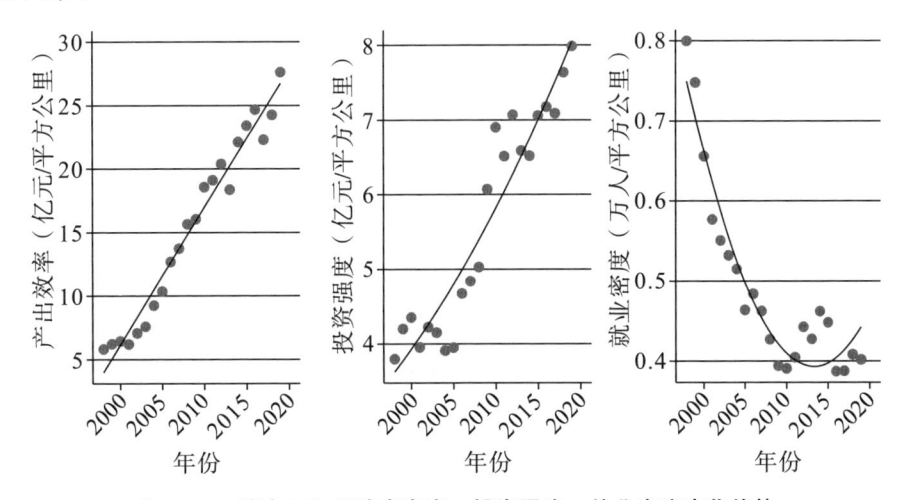

图 5-1 城市工业用地产出率、投资强度、就业密度变化趋势

为了回归分析的需要，对地级城市工业用地产出率、投资强度和就业密度数据取自然对数，基本统计特征如表5-1所示。整体上看，各变量均值和中位数很接近，偏度接近0，峰度接近3，近似正态分布。

---

① 后文分东、中、西部不同地区考察，发现都呈现这种态势（图5-1），反映出这种态势的稳定性。

表 5-1 基本统计量

变量		均值	中位数	标准差	最小值	最大值	偏度	峰度	观察值
工业用地产出效率自然对数	混合	11.38	11.36	1.015	8.397	15.42	0.131	2.988	$N=1730$，个体数$=93$，平均18.6年*
	组间			0.791	9.277	14.65			
	组内			0.672	9.275	14.54			
工业用地投资强度自然对数	混合	11.26	11.24	0.797	7.379	14.73	0.177	3.627	
	组间			0.653	9.263	13.67			
	组内			0.483	7.717	13.39			
工业用地就业密度自然对数	混合	8.453	8.481	0.638	5.925	10.40	−0.0064	3.143	
	组间			0.523	7.391	9.697			
	组内			0.378	6.783	9.704			

注：* 由于部分年份存在数据遗漏或异常值，所以样本个体存在年份数差异。

5.4 参数估计、模型检验

5.4.1 混合回归还是个体效应：F 检验和 LSDV 检验

首先对式 5.1 模型等式两边取对数，通过 Stata16 按固定效应模型（FE）估计且不采用聚类稳健标准误，进行 F 检验，发现 $F(92,1436)=17.02$，p 值为 0.0000，强烈拒绝不存在个体效应的原假设，应允许各样本个体拥有自己的截距项。对式（5.1）增加个体特征 η 并将其视为参数，对每个样本个体定义一个虚拟变量，然后把 92 个个体虚拟变量纳入回归方程中（未包括的第一个个体虚拟变量为共同截距项），取自然对数后得到：

$$\ln\left(\frac{y_{it}}{m_{it}}\right) = \alpha\left(\frac{k_{it}}{m_{it}}\right) + \beta\ln\left(\frac{l_{it}}{m_{it}}\right) + \eta_2 d2_i + \cdots + \eta_{93} d93_i + \varepsilon_{it},$$
$$i=1, 2, \cdots, n, \quad t=1, 2, \cdots, T \quad (5.4)$$

式（5.4）中，如果 $i=2$，则个体虚拟变量 $d2_i=1$；如果 $i\neq2$，则 $d2_i=0$；以此类推。采用最小二乘虚拟变量（LSDV）法回归式（5.4），发现绝大多数个体的虚拟变量都很显著，所以拒绝"所有个体虚拟变量都为0"的原假设，认为存在个体效应。

5.4.2 随机效应还是固定效应：豪斯曼检验和过度识别检验

根据反映个体异质性的遗漏变量 u_i 与其他解释变量是否相关，个体效应的形态可分为固定效应和随机效应，有必要通过检验在二者之中做出选择。通过豪斯曼检验（Hausman test），得到 $\chi^2(3)$ 等于 21.36，p 值为 0.0001，故拒绝原假设"H_0：u_i 与 x_{it}、z_i 不相关"，宜采用固定效应模型而非随机效应模型。鉴于豪斯曼检验不采用稳健标准误，隐含一个比较强烈的假设——u_i 与 ε_{it} 都是独立同分布的，而且通过估计发现聚类稳健标准误和普遍标准误存在较大差异，豪斯曼检验效果值得质疑，有必要开展进一步检验。随机效应模型和固定效应模型相比，多了"个体异质性 u_i 与解释变量 x_{it}、z_i 不相关"的约束条件，可以视为过度识别条件，所以用 xtoverid 命令进行过度识别检验（overidentification test），得到 $\chi^2(2)$ 统计量为 12.437，p 值为 0.0020，拒绝随机效应，应采用固定效应模型。

5.4.3 双向固定效应估计和检验

固定效应包括个体固定效应和时间固定效应，个体固定效应模型可解决不随时间而变但因个体而异的遗漏变量问题；那些不随个体改变但因时间而异的遗漏变量问题则需要引入时间固定效应予以解决。上述 LSDV 检验表明，个体固定效应确实存在，但工业用地就业密度对产出率的弹性系数为 -0.521，标志着就业密度对产出率存在负的边际效应，这与生产理论和实践相悖。所以，有必要同时考虑时间固定效应的影响，估计双向固定效应（Tow-way FE）模型［式（5.4）］得到的结果见表 5-2。

表 5-2 城市工业用地产出率双向固定效应模型估计

解释变量	系数和标准误	解释变量	系数和标准误	解释变量	系数和标准误
投资强度对数	0.54*** (0.0647)	2004 年	0.681*** (0.0832)	2016 年	1.402*** (0.121)
就业密度对数	0.179*** (0.0673)	2005 年	0.856*** (0.0890)	2017 年	1.381*** (0.145)
1999 年	0.0821 (0.0766)	2006 年	0.976*** (0.0917)	2018 年	1.413*** (0.116)
2000 年	0.174** (0.0787)	2007 年	1.105*** (0.0940)	2019 年	1.437*** (0.131)

续表

解释变量	系数和标准误	解释变量	系数和标准误	解释变量	系数和标准误
2001年	0.210*** (0.0726)	2008年	1.223*** (0.103)	常数项	3.073*** (0.521)
2002年	0.316*** (0.0775)	2009年	1.201*** (0.118)	观察值	1730
2003年	0.453*** (0.0824)	……		个体数	93
				拟合优度	0.851

注：①括号中为聚类稳健标准误；②*** 表示 $p<0.01$，** 表示 $p<0.05$，* 表示 $p<0.1$。

表5-2显示，多数年份虚拟变量的系数在1%的水平上显著，少数年份不显著，对时间虚拟变量系数进行Wald检验得到统计量$F(21,92)=20.12$，p值为0.0000，强烈拒绝不存在时间效应的原假设。同时，工业用地就业密度对产出率的弹性系数估计为0.179，不再呈现负数，具有了与生产理论和实践相吻合的经济意义：在其他条件不变的情况下，就业密度每提高1%，可使产出率提高0.179%。而且，双向固定效应估计的拟合优度达到0.851，明显高于FE估计的拟合优度0.592。此外，联合检验表明工业用地投资强度和就业密度弹性系数之和小于1，印证了上文的系数约束假设，反映了其他条件不变前提下单位面积工业用地上资本和劳动要素边际报酬递减的规律；这种系数约束特征也可以从它们的95%置信区间[0.413, 0.667]和[0.046, 0.312]直观发现。综上所述，双向固定效应模型［式(5.3)］及其估计结果是可信的。

这里得到的工业用地产出率的投资强度弹性系数为0.54，高于林坚和张沛的0.282、张琳和王亚辉的0.346；就业密度弹性系数为0.179，介于林坚和张沛的0.346与张琳和王亚辉的0.142之间。这种区别可能是由于数据不同形成的，林坚和张沛使用的是国家级开发区数据，笔者分析的是地级城市数据，一般而言，地级城市工业区比国家级开发区的资本更稀缺，投资强度更低，会推高投资强度弹性系数；地级城市工业职工比国家级开发区职工平均劳动素质存在一定差距，会拉低就业密度弹性系数。因此，这种弹性系数的差别有助于印证双向固定效应模型［式(5.3)］及其估计结果的可信度。

5.4.4 分区域聚类回归分析

利用中国东部、中部和西部的数据分别对模型［式（5.3）］做回归,与全国样本数据回归结果做对照,可以进一步检验双向固定效应估计的稳健性。其回归结果见表5-3。

表5-3 分区域城市工业用地产出率影响因素回归分析与对照

类别	（1）全国	（2）东部	（3）中部	（4）西部
投资强度自然对数	0.54*** (0.0647)	0.518*** (0.084)	0.403*** (0.104)	0.615*** (0.122)
就业密度自然对数	0.179*** (0.0673)	0.201*** (0.092)	0.302*** (0.065)	0.105** (0.053)
1999年	0.0821 (0.0766)	0.240 (0.143)	0.010 (0.135)	0.093 (0.080)
2000年	0.174** (0.0787)	0.325*** (0.091)	0.109 (0.141)	0.084 (0.132)
2001年	0.210*** (0.0726)	0.291*** (0.071)	0.195 (0.137)	0.198 (0.117)
……	……	……	……	……
2019年	1.637*** (0.131)	1.485*** (0.142)	2.044*** (0.189)	1.820*** (0.255)
常数项	3.073*** (0.521)	3.428*** (0.928)	3.462*** (0.766)	2.966*** (1.124)
观察值	1,730	545	602	583
样本个体	93	29	31	33
拟合优度	0.851	0.825	0.875	0.859
调整的拟合优度	0.848	0.809	0.872	0.845
F	109.3	118.980	55.081	75.603

注：①括号中为聚类稳健标准误；②*** 表示 $p<0.01$,** 表示 $p<0.05$,* 表示 $p<0.1$；③限于篇幅,未列出2002—2018年效应的回归参数。

表5-3显示,区域聚类回归分析可以得到统计性质良好的参数,且能够通过经济意义检验,进一步表明双向固定效应模型［式（5.3）］的回归结果是可信的。

5.5 投资强度、就业密度、TFP对地级城市工业用地产出率的贡献及区域比较

5.5.1 个体固定效应和时间固定效应的衡量

采用双向LSDV法，对个体特征和时间固定效应都定义虚拟变量，采用稳健标准误，回归模型［式（5.3）］得到与双向固定效应相同的回归参数和高达0.9317的拟合优度，并可同时查看个体固定效应和时间固定效应。对统计显著的个体虚拟变量的参数与常数项相加后取均值，发现城市个体固定效应因地区不同而相异，东部以3.53居高，西部以2.94居末，个体固定效应的全国平均值为3.263；同时发现，时间固定效应逐年递增，其平均值为5.537。

5.5.2 地级城市工业用地投资强度和就业密度对产出率的边际贡献

将上述个体固定效应、时间固定效应和残差对工业用地产出率的影响合并记为全要素生产率的对数（lnA），并将上述回归参数代入模型［式（5.3）］，经适当变形可得：

$$\left(\frac{\hat{y}_{it}}{m_{it}}\right) = A \left(\frac{k_{it}}{m_{it}}\right)^{0.54} \left(\frac{l_{it}}{m_{it}}\right)^{0.179} \tag{5.5}$$

进行样本平均，利用式（5.5）计算不同年份的工业用地投资强度和就业密度对产出率的边际贡献（表5-4），发现投资强度和就业密度对工业用地产出率的边际贡献逐年递增。在1998年地级城市工业用地投资强度每增加1万元，可使产出率增加0.836万元，到2019年则可增加2.492万元；在1998年就业密度每增加1个单位（10^4人/km²），可使产出率增加1.306亿元，到2019年则可增加11.644亿元。

表5-4 工业用地投资强度和就业密度对产出率的边际贡献

年份	1998	1999	2000	2001	2002	2003	2004	2005	2006
投资强度边际贡献	0.836	0.794	0.802	0.851	0.903	0.981	1.274	1.428	1.479
就业密度边际贡献	1.306	1.503	1.790	1.958	2.311	2.580	3.265	4.025	4.754
年份	……	2012	2013	2014	2015	2016	2017	2018	2019
投资强度边际贡献	……	2.160	1.824	1.865	2.045	2.005	1.929	2.341	2.492

续表

年份	1998	1999	2000	2001	2002	2003	2004	2005	2006
就业密度边际贡献	……	8.472	9.482	11.021	10.985	10.594	9.993	11.004	11.644

注：这里的边际贡献基于不同年份的数据进行计算，经历了时间的跨度、全要素生产率的变化，呈现出逐年递增的态势，这是正常的。比较静态分析中的边际贡献递减规律存在其他条件不变的假设前提，不适用于这里。

5.5.3 分区域地级城市工业用地投资强度、就业密度的边际贡献和全要素生产率

通过对各区域的比较可以发现，中部和西部地区地级城市工业用地产出率、投资强度和就业密度在绝大多数年份都低于东部地区（图5-2）。其中，产出率和投资强度低于东部地区通常可理解为"中西部地区资本密集型和技术密集型产业比重更低、劳动密集型产业比重更高"，这意味着更高的就业密度。但是，就业密度的数据比较结果恰恰与此相悖，表明中西部城市工业用地集约利用度和东部相比存在较大的差距。

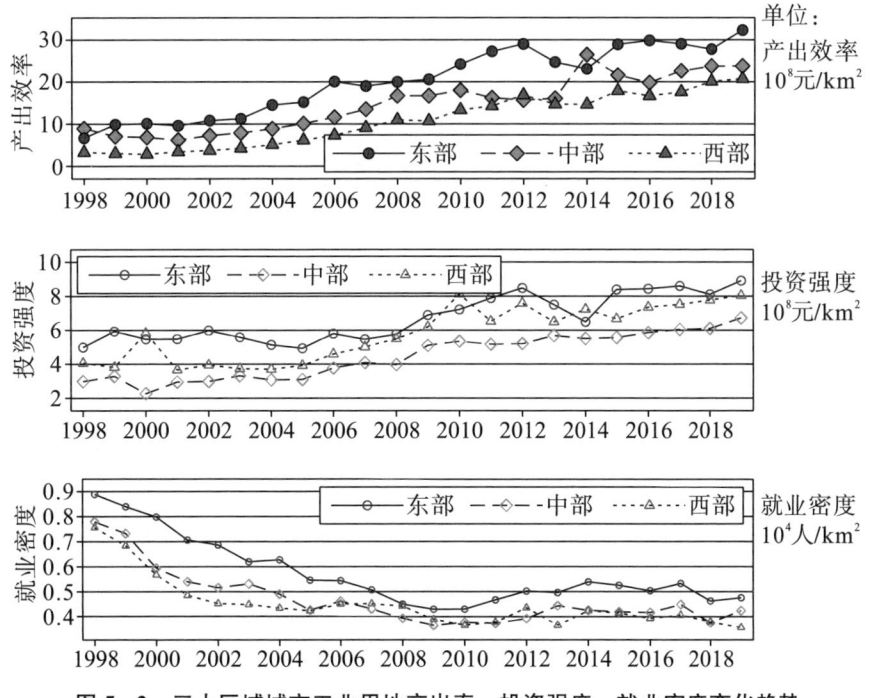

图5-2 三大区域城市工业用地产出率、投资强度、就业密度变化趋势

工业园产城融合
关键因素及影响机制

用分区域聚类回归所得参数替代［式（5.5）］的参数，可计算中国东部、中部、西部地区地级城市工业用地的全要素生产率以及投资强度、就业密度的边际贡献（表5-5）。为增强现时性分析2012—2019年均值[①]，发现全要素生产率呈现"东部＞中部＞西部"态势，吻合中国工业总体布局：东部以技术密集型为主，中部由于老工业基地较多而以资本密集型为主，西部则以劳动密集型为主。表5-5显示西部投资强度边际贡献较高，可能的解释是西部用地粗放，投资强度较低，资本稀缺度较高；西部就业密度边际贡献最低，可能的解释是西部劳动密集型产业工人人力资本较低。中部投资强度边际贡献最低，可能的解释是中部布局了较多技术进步慢的资本密集型工业；中部就业密度边际贡献最高，可能的解释是用地较粗放，就业密度低。东部地区投资强度边际贡献最高，可能的解释是东部以技术密集型产业为主导，全要素生产率最高；东部就业密度边际贡献低于中部，可能的解释是东部工业用地集约度高，就业密度高。

表5-5　分区域地级城市工业用地投资强度、就业密度的边际贡献和全要素生产率

年份	全要素生产率			投资强度边际贡献			就业密度边际贡献		
	东部	中部	西部	东部	中部	西部	东部	中部	西部
1998	3.165	2.431	4.111	0.701	0.442	1.361	1.517	1.265	1.250
1999	4.322	2.188	3.411	0.867	0.365	1.145	2.354	1.243	1.088
2000	4.619	2.573	2.602	0.965	0.502	0.725	2.549	1.431	1.280
2001	4.493	2.851	3.199	0.917	0.467	1.036	2.740	1.907	1.347
2002	4.882	3.094	3.629	0.949	0.501	1.142	3.128	2.169	1.677
2003	5.373	3.386	4.085	1.043	0.508	1.292	3.624	2.396	1.834
2004	7.171	4.306	4.630	1.463	0.674	1.459	4.649	3.149	2.133
2005	7.871	5.413	5.059	1.610	0.794	1.568	5.559	4.366	2.525
2006	9.514	5.703	5.284	1.817	0.777	1.549	7.426	4.747	2.712
……	……	……	……	……	……	……	……	……	……
2012	12.024	10.644	8.201	2.180	1.342	2.257	10.814	10.080	4.815
2013	11.380	9.739	7.659	1.871	1.014	2.006	11.538	10.697	5.420
2014	13.012	11.672	7.117	2.134	1.197	1.635	13.652	12.767	6.207
2015	13.784	12.803	7.227	2.188	1.337	1.840	14.043	13.809	5.470
2016	14.005	14.683	6.288	2.176	1.556	1.525	14.033	15.493	4.597

[①] 若考察1998—2019年均值，可以得到类似结果。

续表

年份	全要素生产率			投资强度边际贡献			就业密度边际贡献		
	东部	中部	西部	东部	中部	西部	东部	中部	西部
2017	12.730	11.977	7.216	2.087	1.241	1.829	12.008	11.927	5.598
2018	12.621	12.297	11.088	2.241	1.289	2.703	10.449	12.377	7.891
2019	13.293	12.686	7.738	2.169	1.329	1.898	12.847	13.282	6.003
2012以来均值	12.866	12.064	7.837	2.124	1.296	1.966	12.392	12.556	5.743

5.5.4 地级城市工业用地投资强度、就业密度和 TFP 对产出率提升的贡献率

工业用地产出率的直接影响因素分为投资强度、就业密度和全要素生产率（TFP），其中全要素生产率包括技术进步和残差的影响，技术进步又反映在个体固定效应、时间固定效应之中。借鉴索洛余值法计算全要素生产率（A）的增长率 $\left(\dfrac{\dot{A}}{A}\right)$，存在：

$$\dfrac{\dot{A}}{A} = \dfrac{\dot{y}/m}{y/m} - 0.54 \dfrac{\dot{k}/m}{k/m} - 0.179 \dfrac{\dot{l}/m}{l/m} \tag{5.6}$$

计算［式（5.6）］可得 1999 年以来中国地级城市工业用地投资强度、就业密度和全要素生产率对产出率提升的贡献率。经计算，地级城市工业用地产出率年均增速约为 8.72%，投资强度年均增速为 3.43%，就业密度年均下降近 3.4%，全要素生产率年均增速约为 7.49%。谢花林、王伟等学者发现，中国主要经济区城市工业用地 TFP 在 2002—2012 年间年均增长 8%，笔者的发现与其接近，实现了相互印证。纳入弹性系数因素计算发现，投资强度年均增速带动工业用地产出率年均增长 1.88%，贡献率为 21.36%；同样方法计算发现就业密度和全要素生产率对 1998 年来城市工业用地产出率增长的贡献率分别为 −7.4% 和 86.04%。

5.6 四川与西部工业园产城融合分析

研究数据来源包括《中国统计年鉴》《中国城市统计年鉴》《中国城市建设统计年鉴》《中国工业统计年鉴》《国家知识产权局专利统计年报》等。为经济

地开展现状评价和比较，用分层抽样的方法从西部 11 个省级行政区（不包括直辖市）中各抽取约 1/3 的地级城市，得到由 1999[①]—2019 年 33 个地级市数据构成的西部样本面板数据；为便于比较，用同样的分层抽样方法从东部 7 个省（不包含直辖市和港澳台地区）中抽取 29 个地级市数据构成东部样本面板数据；四川在西部具有突出地位，本研究予以重点关注，为此另外采集了四川其余地级城市数据形成四川 17 个地级市面板数据。由于各地级市设立日期不同，且存在数据统计遗漏现象，笔者所获得面板数据为非平衡面板。

5.6.1 西部地级城市工业用地产出率和东部的差距

对样本城市工业用地产出率观察值按城市平均，得到西部、东部历年的地均产出均值，比较发现，历年西部样本均值都低于东部（如图 5-3）。根据样本统计量，可以推断西部和东部两个总体的均值是否存在显著差距。

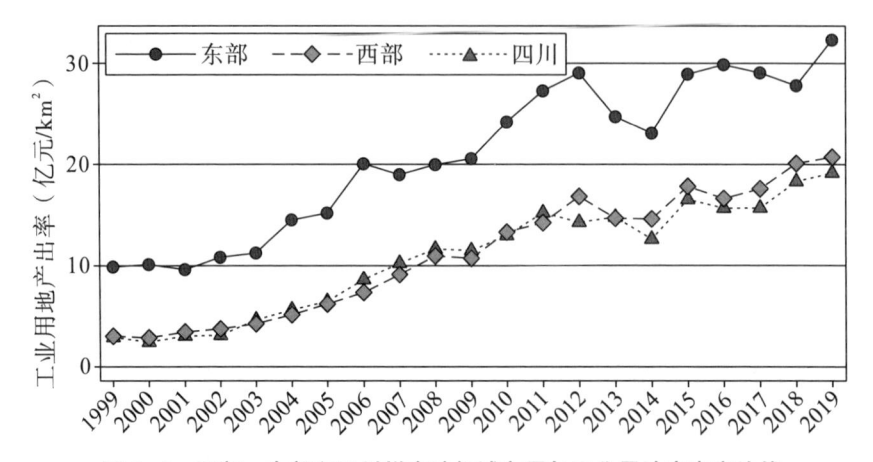

图 5-3 西部、东部和四川样本地级城市历年工业用地产出率均值

令东部、西部地级城市历年工业用地产出率总体均值分别为 μ_{et} 和 μ_{wt}，历年样本均值分别为 $\bar{x}_{et}$ 和 $\bar{x}_{wt}$，其中下标 t 表示年份 1999—2019 年。

原假设 $H_0: \mu_{et} = \mu_{wt}$；备选假设 $H_1: \mu_{et} > \mu_{wt}$。

由于需对两个总体在各年份的均值差距做出推断，样本个体数即样本容量（东部样本 29、西部样本 33），处于大样本临界值（30）左右，同时东部和西部样本独立，东部和西部地级城市工业用地产出率一般都服从正态分布。所以存在

---

① 西部诸多地市缺失 1998 年数据，这在本章前几节的全国性分析中只是增添了面板数据的不平衡性，尚能接受。本节着重讨论西部问题，故从 1999 年数据开始分析。

5 产地融合的影响因素和机制：工业用地效率分析

$$\frac{(\overline{x}_{et} - \overline{x}_{wt}) - (\mu_{et} - \mu_{wt})}{\sigma_{(\overline{x}_{et} - \overline{x}_{wt})}} \sim t(v)$$

其中自由度

$$v = \frac{\left(\frac{s_1^2}{n_1} + \frac{s_2^2}{n_2}\right)^2}{\left(\frac{s_1^2}{n_1}\right)^2/(n_1-1) + \left(\frac{s_2^2}{n_2}\right)^2/(n_2-1)}$$

t 统计量的计算结果如表 5-6 所示，在 1999—2001 年可以在 5% 的显著性水平拒绝原假设，2002 年及以后年份都可以在 1% 的显著性水平拒绝原假设，接受备择假设，表明西部地级城市工业用地历年产出率显著低于东部。而且，拒绝原假设的强烈程度随年度递增，暗示西部地级城市工业用地产出率和东部差距可能存在逐步扩大的态势，正如样本均值图所呈现的那样。

表 5-6 东西部地级城市历年工业用地产出率均值差异显著性检验

年份	t 统计量	右侧 p 值	年份	t 统计量	右侧 p 值
1999	2.35609	0.020110314	……	……	……
2000	2.036678	0.027930748	2012	2.809074	0.004263
2001	2.368032	0.01377845	2013	3.02087	0.002508
2002	2.689511	0.006405429	2014	3.526614	0.000630
2003	2.678271	0.006121449	2015	3.948562	0.000254
2004	2.795566	0.004712052	2016	3.669447	0.000259
2005	2.816364	0.004186716	2017	3.923758	0.000139
2006	2.825318	0.004230484	2018	4.59124	0.000017
2007	2.687148	0.005819345	2019	5.154387	0.000002

5.6.2 投资强度、就业密度和 TFP 对西部地级城市工业用地产出率的影响

通过模型［式（5.3）］的参数估计，可以发现影响地级城市工业用地产出率的直接因素及其影响程度，利用西部地级城市样本面板数据回归该模型得到参数估计结果见表 5-7。

表5-7 西部地级城市工业用地产出率双向固定效应模型参数估计

解释变量	参数和标准误	解释变量	参数和标准误	解释变量	参数和标准误
投资强度对数	0.611*** (0.077)	2005.year	0.868*** (0.0774)	2016.year	1.418*** (0.138)
就业密度对数	0.107** (0.052)	2006.year	0.981*** (0.0870)	2017.year	1.445*** (0.16)
2000.year	0.150* (0.0764)	2007.year	1.148*** (0.0864)	2018.year	1.426*** (0.129)
2001.year	0.258*** (0.0644)	2008.year	1.248*** (0.105)	2019.year	1.424*** (0.154)
2002.year	0.357*** (0.0733)	2009.year	1.203*** (0.131)	Constant	1.175*** (0.208)
2003.year	0.503*** (0.0787)	2010.year	1.235*** (0.140)	观察值	571
				个体数	33
2004.year	0.702*** (0.0818)	……	……	R^2	0.878
				调整的 R^2	0.869

注：括号中为稳健标准误；*** 表示 $p<0.01$，** 表示 $p<0.05$，* 表示 $p<0.1$；$F=78.36$。

经F检验、LSDV检验、豪斯曼检验、过度识别检验、Wald检验，发现时间固定效应和个体固定效应均存在，将模型［式（5.3）］设定为双向固定效应模型并按照相应方法做回归是恰当的①。回归结果表明，平均来说，西部地级城市工业用地投资强度每提高1%，可使得产出率提高0.611%；工业用地就业密度每提高1%，可使产出率提高0.107%。

根据索洛余值法，将上述时间固定效应、个体固定效应和残差对地级城市工业用地产出率的影响合并记为lnA，即全要素生产率的对数，将上述回归参数代入模型［式（5.2）］，可得

$$\ln\left(\frac{y}{m}\right)_{it} = \ln A_{it} + 0.611\ln\left(\frac{k}{m}\right)_{it} + 0.107\left(\frac{l}{m}\right)_{it} \qquad (5.7)$$

利用［式（5.7）］可求得每一个体每一时期对应的全要素生产率（TFP）A值，进而可计算出历年西部地级城市工业TFP均值（参见图5-4）。

---

① 检验过程参见许明强：《城市工业用地产出率影响因素及区域比较》，载《中国土地科学》，2016年第12期。

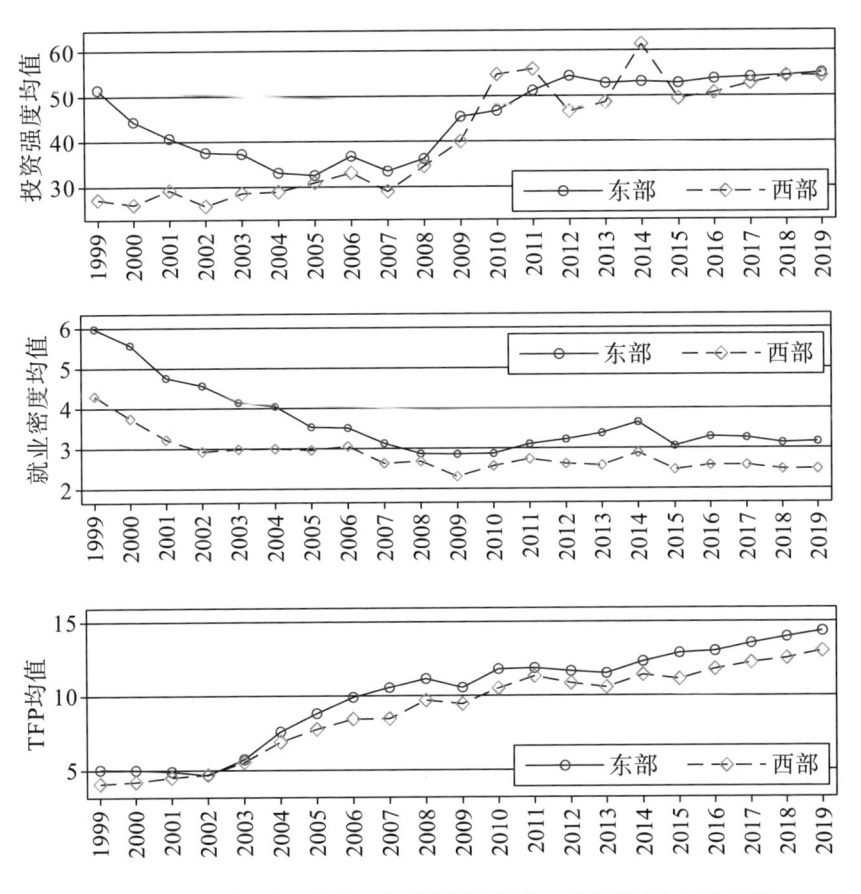

5 产地融合的影响因素和机制：工业用地效率分析

图 5-4　东西部地级市工业用地投资强度、就业密度和工业 TFP

对 [式 (5.7)] 变形并对投资强度求偏微分可得

$$\frac{\partial \left(\frac{y}{m}\right)_{it}}{\partial \left(\frac{k}{m}\right)_{it}} = 0.611 A \left(\frac{k}{m}\right)_{it}^{-0.414} \left(\frac{l}{m}\right)_{it}^{0.107} \tag{5.8}$$

利用 [式 (5.8)] 计算历年西部地级市工业用地投资强度对产出率的贡献额如表 5-8 所示，同理可计算就业密度和 TFP 对产出率的贡献额。

表 5-8　西部地级城市工业用地投资强度、就业密度和 TFP 对产出率的贡献绝对数

年份	1999	2000	2001	2002	2003	2004	2005	2006	2007
投资强度边际贡献	0.716	0.745	0.797	0.841	0.982	1.239	1.347	1.412	1.493
就业密度边际贡献	0.625	0.696	0.884	0.896	1.180	1.375	1.608	1.771	1.968
TFP 边际贡献	7.120	6.809	7.117	6.668	7.026	7.057	7.396	7.822	7.437
年份	……	2012	2013	2014	2015	2016	2017	2018	2019
投资强度边际贡献	……	1.656	1.489	1.496	1.599	1.744	1.613	1.822	1.953
就业密度边际贡献	……	2.680	3.362	4.048	4.240	4.004	3.319	3.819	4.446
TFP 边际贡献	……	8.583	9.343	11.287	11.412	10.201	10.491	11.734	10.465

表 5-8 显示，由于 TFP 进步的影响，西部地级城市工业用地投资强度对产出率边际贡献均值呈现历年递增趋势，在 1999 年投资强度每增加 1 万元，可使地均产出率提高 0.716 万元[①]；到 2019 年，这一数字已提升到 1.953 万元。就业密度对地均产出的边际贡献也呈现递增态势，在 1999 年就业密度每提高 1 个单位（人/亩），可使地均产出提高 0.625 万元，到 2019 年这一数字已增加到 4.446 万元。TFP 本身对地均产出的边际贡献也呈现总体上升态势，在 1999 年 TFP 每提高 1 个单位，可使地均产出提高近 7.12 万元，到 2019 年这一数字增加到了 10.465 万元。

对[式（5.7）]求全微分，可得

$$\left(\frac{\dot{y/m}}{y/m}\right)_{it} = \left(\frac{\dot{A}}{A}\right)_{it} - 0.611\left(\frac{\dot{k/m}}{k/m}\right)_{it} - 0.107\left(\frac{\dot{l/m}}{l/m}\right)_{it} \quad （式 5.9）$$

[式（5.9）]两边对 it 求期望，可得到各变量的平均增长速度[②]，进而求出平均贡献率。经计算，西部地级城市工业用地产出率年均增速为 7.69%，投资强度年均增速为 3.82%，就业密度年均增长 −3.44%，全要素生产率年均增长 6.46%；上述三个因素对地均产出率增长的贡献率分别为 29.3%、−3.4%、74.1%。

5.6.3　西部地级城市工业用地产出率追赶东部收效甚微的原因分析

如上文所述，投资强度、就业密度、TFP 是影响地均产出的直接原因，对西部地级城市工业用地产出率显著落后于东部的原因探讨首先围绕这三个指

---

① 本章中的所有货币单位都已通过 GDP 平减指数折算为 1990 年价。

② 对时间和个体求期望的做法不十分严谨，但可以呈现和真实值相近的结果。

5 产地融合的影响因素和机制：工业用地效率分析

标的比较展开。

同样采用模型［式（5.3）］和双向固定效应估计方法用东部1999—2019年数据回归分析发现，平均而言，东部地级城市工业用地投资强度对产出率的弹性系数为0.518，就业密度对地均产出的弹性系数为0.201；进而运用模型［式（5.7）］计算得到东部地级城市工业领域全要素生产率（参见图5-4）。

在比较东西部地级城市工业用地效率差距时，为避免个别年份偶然因素影响，采用各指标在期初和期末3年平均值进行比较，结果如表5-9所示：西部投资强度与东部的差距在期初约为18万元/亩，在期末则基本持平，初步实现了追赶；就业密度在期初的差距约为1.68人/亩，在期末约为0.71人/亩，差距缩小了约57.4%；西部地级城市工业全要素生产率与东部的差距则不降反升，扩大了约68.7%；西部地级城市工业用地产出率与东部的期初差距约为36.67万元/亩，期末差距则缩小约11.67%。这种差距演变也可以从图5-3、图5-4直接观察到。

表5-9 西部样本地级城市工业用地效率与东部的差距

东西部用地效率差异	产出强度	投资强度	就业密度	全要素生产率
1999—2019年差值均值	-36.3212	-5.30235	-0.85829	-0.96296
期初3年差值均值	-36.67	-18.0133	-1.67833	-0.7121
期末3年差值均值	-32.391867	0.019854	-0.715037	-1.20112
期末差距/期初差距-1	-11.67%	-100.11%	-57.40%	68.67%

西部和东部用地效率指标的比较之所以呈现这样的结果，一个可能的解释是：西部较多地级城市急于追赶东部地区，未能遵循比较优势规律，未能充分认识西部资源禀赋特征——劳动力资源丰富、技术比较落后、资本相对不足，发展了较多资本密集产业，工业用地投资强度基本达到与东部持平；但是，随着资本深化加速，资本数量挤占了劳动数量，使得西部与东部的就业密度差距缩小幅度并不理想；同时，在全要素生产率（包括技术进步、管理改善等方面）差距扩大的情况下，片面发展资本密集工业，也难以实现该产业的持续发展，所以西部地级城市工业用地上的固定资产也在近年出现较大波动（参见图5-4）。在以上三方面因素的影响下，西部地级城市工业用地产出率与东部差距幅度仅仅实现轻微收窄。

5.6.4 四川谜题及缘由：西部"领头羊"却是工业用地效率"后进生"

四川一般被认为是西部经济"领头羊"，在地区 GDP 总量、创新活力、产业竞争力等方面居于西部"高地"，但初步观察发现，四川地级城市工业用地产出率不但没有明显领先于西部平均水平，反倒比西部平均水平略低，有必要重点关注。

同样采用[式(5.2)]和双向固定效应估计方法用四川 17 个地级城市 1999—2019 年数据回归分析可得到以下函数：

$$\left(\frac{y_{it}}{m_{it}}\right) = A \left(\frac{k_{it}}{m_{it}}\right)^{0.431} \left(\frac{l_{it}}{m_{it}}\right)^{0.168} \quad (5.10)$$

平均而言，四川地级城市工业用地投资强度对产出率的弹性系数为 0.431，就业密度对地均产出的弹性系数为 0.168，通过[式(5.10)]计算出各地级市历年的全要素生产率，进而计算出历年四川地级市平均工业全要素生产率发展速度（参见表 5-10）。和西部平均水平比较，四川地级城市工业全要素生产率发展速度在 20 年中有 14 年高于西部平均水平（参见图 5-5）；根据公式"几何平均增长速度=几何平均发展速度-1"计算得到四川地级城市工业 TFP 年均增速为 9.17%，比西部平均水平高出约 2.72 个百分点。

比较 2000—2019 年四川和西部平均的亿元 GDP 授权专利数也可以发现，四川明显高于西部平均水平（参见图 5-5），这为四川地级城市工业 TFP 增速高于西部平均水平这一结论提供了一种佐证。四川地级城市工业 TFP 高增速为四川工业发展增添了活力，为四川居于西部"领头羊"地位提供了支撑。

表 5-10 四川地级城市工业领域全要素生产率历年发展速度

年份	2000	2001	2002	2003	2004	2005	2006	2007
TFP 发展速度	0.865	1.165	1.059	1.190	1.118	1.179	1.113	1.184
年份	……	2013	2014	2015	2016	2017	2018	2019
TFP 发展速度	……	1.013	1.052	1.192	1.103	1.099	1.026	1.072

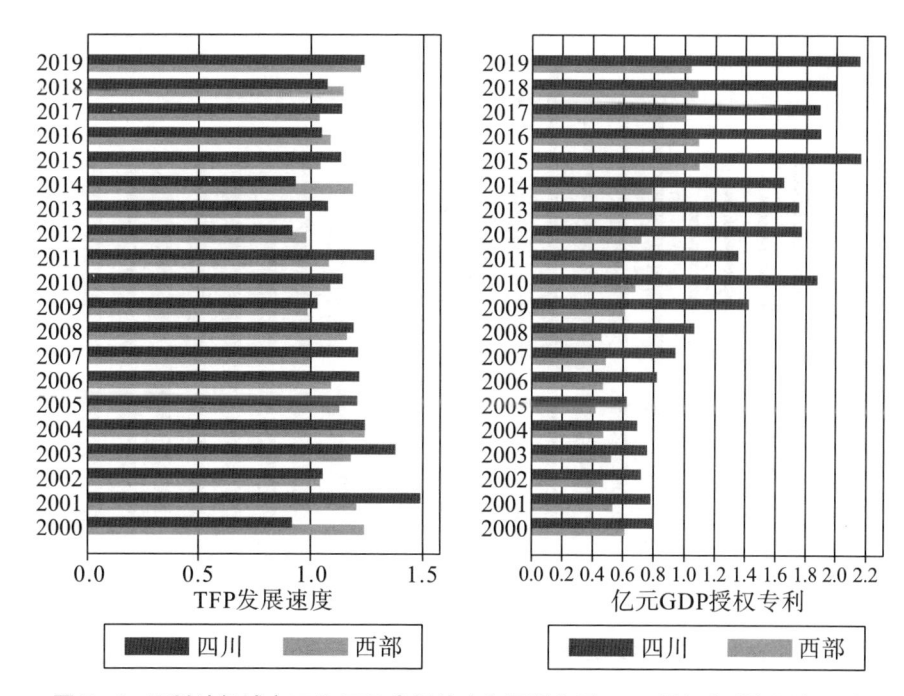

5 产地融合的影响因素和机制：工业用地效率分析

图 5-5 四川地级城市工业 TFP 发展速度和四川亿元 GDP 授权专利与西部平均水平的比较

资料来源：TFP 发展速度为作者计算所得，专利信息来自历年《国家知识产权局专利统计年报》。

和西部平均水平比较，四川地级城市工业 TFP 高增速为地均产出增长做出了更大的贡献，但这没能扭转四川地级城市工业用地效率略低于西部平均水平的局面。如图 5-6 所示，从 1999 年到 2019 年，四川地级城市工业用地产出率高于西部平均水平的只有 9 年（柱条高度大于 1），就业密度高于西部平均水平的仅有 5 年，投资强度则一直低于西部平均水平。

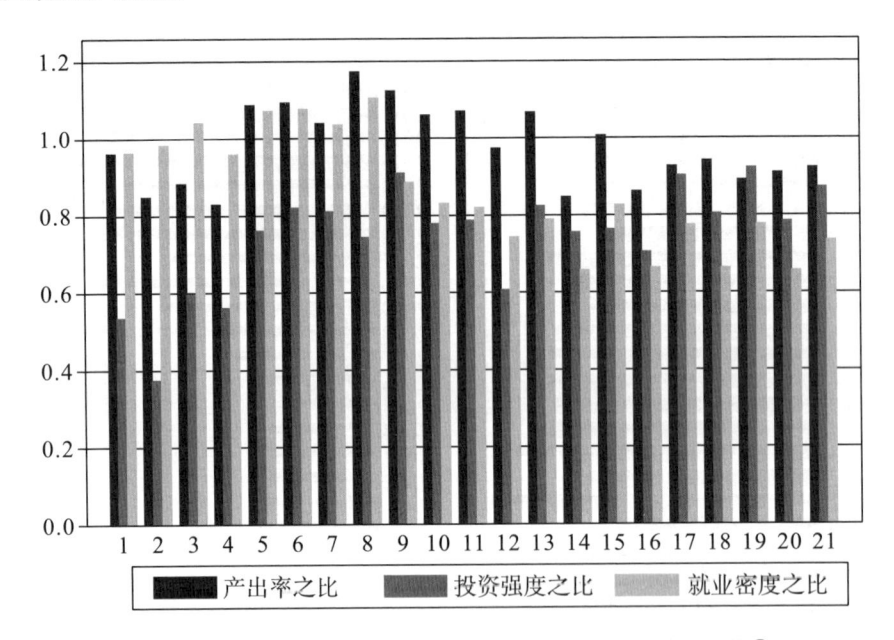

图 5-6　四川地级城市工业用地效率与西部平均水平的比较①

四川经济居于西部"领头羊"地位，地级城市工业 TFP 呈现更高增速，但地均产出略落后，投资强度、就业密度明显低于西部平均水平。出现这样的谜题，一个合理的解释在于：一方面，四川高校和科研机构密集度在西部处于领先位置，技术进步、管理改善、人力资本积累的速度更快，使得四川地级城市工业用地产出率和西部平均水平基本相当；另一方面，四川以其在西部的优势地位从国家获得了更多的工业用地指标，但其利用深度不够，可能存在较多闲置工业用地、被僵尸企业长期低效占用的工业用地，工业粗放用地问题突出，产地融合不足，亟须推进有关体制机制变革，科学规划产业发展，科学规划工业园板块功能区布局，加强工业园区集约用地评价，采取有效措施加快工业园先进制造业集聚，持续提升投资强度和就业密度，推进产地融合，助力产城融合。

5.7　产地融合不足的主要原因：规划缺陷和工业负外部性

根据资料分析和课题组调研，中国诸多工业园板块存在用地结构失调的问

---

① 横轴的 1 代表 1999 年，2 代表 2000 年，以此类推。

5 产地融合的影响因素和机制：工业用地效率分析

题，有的工业用地闲置较多、服务用地[①]不足，有的过度配套、服务用地比重过高，使得闲置或低效用地较多，显示用地结构规划主要存在以下几方面偏差。

对经济社会发展规划和产业发展规划的理性预期产值目标、产业选择差异考虑不足，从主观意志或土地获得性出发规划开发区用地规模和结构，"铺大摊子"现象突出，城市规划成为"政府圈地的工具"，导致所规划的工业生产功能区企业集聚不足，用地效率低下。

把开发区用地等同于工业项目用地，规划工业用地占比过大，服务用地不足，一方面对工业企业的生产性服务支持不够，降低了工业用地产出效率；另一方面对区内人口生活服务支持不足，不利于工业企业职工便利生活，不利于区内农业转移人口市民化。

忽视工业园产业差异、工业化尚处于较低阶段、污染影响、母城服务差异、城市级别差异，把工业园视为独立城市新区按照《城镇用地分类和规划建设用地标准》（GB 50137—2011）规划用地结构，结果难以聚集人口，造成居住用地、商业服务业设施用地、公共服务用地闲置或低效利用。

工业园负外部性对工业园产城融合的影响是不容忽视的。工业园存在废水、废气、扬尘、噪音、固废等多方面污染问题，也存在危险物品运输、储存、处理和遗弃过程中对周边构成的安全威胁，一般原材料和产成品的大批量运进运出也给周边带来了噪声、扬尘和交通安全方面的影响。2016—2019年全国生态环境统计公报显示，在2016—2019年期间，中国废水废气污染物排放全国总量和工业源量都呈现下降趋势，但工业源的化学需氧量、氨氮、总磷、废水重金属、挥发酚、氰化物等污染物排放量绝对数仍然不小（参见表5-11）；未利用未处置固体废物还呈现上升趋势，从2016年的7.5亿吨上升到2019年的9.9亿吨，上升了32%；未利用未处置工业危险废物在2017—2019年期间起伏波动，没有下降趋势（参见表5-12）。可见，工业源污染和安全隐患两方面的工业负外部性仍然是现存突出问题。工业园是工业企业的集聚地，有的发达地区工业园主要集聚了高新技术企业，生产清洁度高，资源耗费低，废物排放少，环境质量比较好，适宜混合布局或就近布局生产性和生活性服务功能区；大多数工业园集聚的仍然是中低端制造企业，是工业负外部性

---

① 根据《生产性服务业分类（2015）》（国统字〔2015〕41号）和《城市建设用地分类与规划建设用地标准》，我们界定服务用地为居住用地R、商业服务业设施用地B、公共服务设施用地A和物流仓储用地W，这些地块的功能为提供居住、商业等生活性服务，提供商务、物流等生产性服务，提供科教文卫体等公共服务。

的主要来源，使得工业生产功能区与居住功能区必须分离，难以就近布局住宅和生活服务设施，限制了工业园城市功能的提升，若违背规律以产城融合为理由在此类传统工业园强行规划布局住宅等生活服务功能区，不顾工业化发展阶段强行按具有城市综合功能的城市新区标准改造提升传统工业园，则属于拔苗助长，造成新的空城和城市用地闲置或低效利用，恰恰与产城融合的真实内涵背道而驰。

表 5-11　2016—2019 废水废气污染物全国和工业源排放量

指标	单位	2016	2017	2018	2019
废水污染物排放量					
化学需氧量	万吨	658.1	608.9	584.2	567.1
其中：工业源	万吨	122.8	91	81.4	77.2
氨氮	万吨	56.8	50.9	49.4	46.3
其中：工业源	万吨	6.5	4.4	4	3.5
总氮	万吨	123.6	120.3	120.2	117.6
其中：工业源	万吨	18.4	15.6	14.4	13.4
总磷	万吨	9	7	6.4	5.9
其中：工业源	万吨	1.7	0.8	0.7	0.8
废水重金属	吨	167.8	182.6	128.8	120.7
其中：工业源	吨	162.6	176.4	125.4	117.6
石油类（工业源）	万吨	1.2	0.8	0.7	0.6
挥发酚（工业源）	吨	272.1	244.1	174.4	147.1
氰化物（工业源）	吨	57.9	54	46.1	38.2
废气污染物排放量					
二氧化硫	万吨	854.9	610.8	516.1	457.3
其中：工业源	万吨	770.5	529.9	446.7	395.4
氮氧化物	万吨	1503.3	1348.4	1288.4	1233.9
其中：工业源	万吨	809.1	646.5	588.7	548.1
颗粒物	万吨	1608	1284.9	1132.3	1088.5
其中：工业源	万吨	1376.2	1067	948.9	925.9

数据来源：2016—2019 年全国生态环境统计公报。

5 产地融合的影响因素和机制：工业用地效率分析

表 5-12 工业固体废物产生及利用

指标	单位	2016	2017	2018	2019
一般工业固体废物产生量	亿吨	37.1	38.7	40.8	44.1
一般工业固体废物综合利用量	亿吨	21.1	20.6	21.7	23.2
一般工业固体废物处置量	亿吨	8.5	9.4	10.3	11
未利用未处置固体废物	亿吨	7.5	8.7	8.8	9.9
工业危险废物产生量	万吨	5219.5	6581.3	7470	8126
工业危险废物综合利用处置量	万吨	4317.2	5972.7	6788.5	7539.3
未利用未处置工业危险废物	万吨	902.3	608.6	681.5	586.7

数据来源：2016—2019年全国生态环境统计公报。

5.8 本章小结

工业用地投资强度对产出率的提升作用与人们的预期存在较大的差距，地级城市工业用地投资强度对产出率增长的贡献率只有21.36%。表5-4显示，由于全要素生产率的积极作用和较慢的工业用地投资强度增速的影响，工业用地投资强度的边际贡献逐年递增。从2019年数据来看，单位工业用地的固定资产每增加1万元，可使产出率增加2.492万元。所以，当前通过遏制工业用地粗放利用、提高工业用地容积率、严格执行工业项目用地投资强度标准、鼓励工业固定资产投资等政策措施适度提高工业用地投资强度是必要的，分区域比较分析则表明对于西部地区尤其需要加强实施工业用地投资强度促进政策。

城市工业用地就业密度逐步下降是大势所趋，但存在非正常下降因素，应予以遏制。城市工业用地就业密度对产出率的弹性系数为0.179，但由于工业用地就业密度呈现逐渐下降态势，1999年来对产出率提升的贡献率为-7.4%。由于技术进步、产业升级、劳动者素质提升等因素影响，长期来看，就业密度必然呈现下降态势。不过，一些非正常因素也可能导致就业密度下降，比如工业从业人员待遇过低、生活保障不足、工业用地供地冗余等，这些因素导致了工业领域出现"用工荒"。上文研究发现，2019年就业密度每新增加1个单位（万人/平方公里），对工业用地产出强度的边际贡献是11.644亿元，纠正工业领域就业密度非正常下降的收益是显著的。鉴于目前工业园并存"孤岛"和粗放用地现象，为扭转工业用地就业密度非正常下降，应适度提高工业职工薪酬水平，注重强化各工业园区员工的生活保障，采取有力措施遏制

工业园产城融合
关键因素及影响机制

各地工业园区、工业新城建设中出现的盲目"铺大摊子"行为。

全要素生产率是推进城市工业用地产出效率提升的首要因素，对1998年来城市工业用地产出率增长的贡献率达到86.04%，显示工业经济发展方式呈现了积极的转变，应加强其作用以加速这种转变，在工业用地配置和集约性评价中高度重视全要素生产率相关指标，并赋予足够高的权重。TFP包括个体固定效应、时间固定效应和残差的影响，其中，个体固定效应包括区位、自然环境、历史人文环境等变量，时间固定效应包括技术进步、宏观经济变动、产业政策影响等变量。分析显示，无论在统计意义上还是经济意义上，个体区域特性和时间演变对工业用地产出效率都存在显著影响。所以，要积极推进技术进步，还要注重改善营商环境、健全基础设施，缩小中西部与东部地区在这些方面的差距，加快中部地区老工业基地转型升级，加速提升全要素生产率。

通过对1999—2019年西部地级城市样本面板数据进行分析并与东部比较发现，西部与东部的地均产出差距仅有略微缩小。地均产出的直接影响指标分析显示，西部地区对发展劳动力密集工业重视程度不够，使得工业用地就业密度按年均3.44%的速度下降，对地均产出提升的贡献为-3.4%；同时，西部地级城市在近些年过快发展了资本密集工业，投资强度初步实现了对东部的追赶，但工业TFP与东部的差距进一步扩大，技术进步、管理改善、人力资本等方面横向比较更加落后于东部，缺乏TFP支持的资本密集工业发展并不稳定，投资强度在近年出现较大幅度波动，地均产出提升速度不够理想，与东部的差距仅有略微缩小。

因此，有必要强调增强西部地级城市工业发展规划的科学性，顺应比较优势确立主导产业方向，更加重视发展劳动密集型工业。上文分析显示，西部地级城市工业用地就业密度每提高1个单位，可使地均产出提高4.446万元，对企业和工人都是有益的，所以需在可能的范围内鼓励较高的就业密度，逐步实现对东部地区的赶超。同时，西部地级城市迫切需要加快TFP进步，遏制与东部TFP差距进一步扩大的势头，为西部工业用地产出率提升提供新动能。

四川地级城市工业TFP显著高于西部平均水平，为四川担当西部"领头羊"提供了动力；但四川地级城市工业用地产出率、投资强度、就业密度都明显低于西部平均水平，映射出四川地级城市工业用地粗放的突出问题。

因此，需加强四川等西部省区地级城市工业用地节约集约管理，包括：①在理性论证基础上科学规划，循序渐进开展建设，纠正过分乐观"铺大摊子"造成工业用地闲置问题；②采用回购、用地性质调整、行政处罚等措施加大对闲置和低效工业用地的处理力度；③工业用地弹性出让，避免被低效利用

5 产地融合的影响因素和机制：工业用地效率分析

主体长期占用；④鼓励提升工业用地容积率。

鉴于数据可得性，本章没有把地均人力资本从就业密度中剥离出来，没有在个体固定效应和时间固定效应之外探讨全要素生产率的来源，有待进一步完善。

6 工业园产城融合实现路径

工业园产城融合,即城镇的工业生产功能区(布局在工业园内)、生产性服务功能区、生活性服务功能区均衡协调,布局合理,才能实现企业方便获得优质的生产性服务支持,园区职工获得便利而丰富的生活性服务支持,使得企业发展便捷得到物流、人力、智力、金融、财务、法律等多方面生产性服务支撑,实现园区土地、城市服务功能区载体集约高效利用。

如上文所述,工业园产城融合主要包括产住融合与产地融合两方面,工业园产住融合的要义在于工业生产功能区职工及其眷属的生活既要免受工业负外部性(污染和安全隐患)的影响,又要能便利快捷获取到居住服务、商业服务和公共服务,同时要避免过量供给或顶着工业负外部性布局生活性服务功能区造成新的"空城",即生产功能区与生活性服务功能区之间协调融合。工业园产地融合的要义在于保持工业园板块城市载体上有足够多的正常生产企业,一是要求城市工业用地上需承载足够的工业企业,确保城市工业用地保持足够高的产出强度,不能低效用地甚至闲置土地,要实现工业生产功能区内部产业与土地协调融合;二是要求工业园板块的城市生产性服务用地上需承载足够的正常经营的生产性服务企业,不能低效利用甚至闲置商务设施用地、物流仓储用地等生产性服务用地,要实现生产性服务功能区内部产业与土地协调融合[①];三是要求工业园板块的生产性服务功能区与工业生产功能区比例协调,如果该部分生产性服务功能区的服务范围限于工业生产功能区,则面积过大或过小都不适宜。

---

① 由于商务商业用地混合度高,而且特定区域生产性服务企业产出数据难以获得,本章在这个论题上没有展开定量研究。

6 工业园产城融合实现路径

6.1 工业园板块的生活功能区配置

关于生活功能区布局的空间安排,对处于高级阶段的工业园,其聚集的工业企业具有科技含量高、资源耗费低、污染排放少的特点,可以在工业园内部或周边区域布局生活功能区;对处于初级和中期阶段的传统工业园,其生活功能区则应布局在距离较远的母城镇,同时应通过轨道交通等硬件建设或采取优化公交运行方案等软性安排改善工业园与母城之间的交通[①]。

为工业园配套的生活功能区面积取决于工业园板块的人口需求,它的数量取决于生产性产业职工、生活性服务业职工、带眷系数、职住倾向等因素,其中,生产性产业人口为用地面积与就业密度的乘积。关于园区工业用地就业密度(分行业)、生产性服务用地就业密度(分市县级别)指标取值采用确立工业用地产出强度指标取值的思路和方法确立[②],这里不予赘述。

关于生活性服务业职工预测,可采用以下模型进行:

园区生活性服务供给=(生产性产业职工+生活性服务业职工)×带眷系数×职住倾向×人均生活服务需求

关于职住倾向,一般理论认为:①职住倾向与在园区工作平均年限正相关;②与园区职工受教育年限负相关,高学历人员收入更高,更愿意生活在母城中;③与本地户籍人口比重负相关,外地户籍人口更愿意居住在园区板块中;④与园区污染程度负相关;⑤与园区居住价格和母城居住价格之比负相关;⑥与园区人均公共服务用地面积和母城人均公共服务用地面积之比正相关;⑦与园城间交通成本正相关,到母城的交通成本越高,园区职工越倾向住在园区板块中;⑧职住倾向与园区板块污染负相关。

根据以上假定,设定职住倾向模型:

$$RER_{it} = \delta_{i0} + \delta_1 AEY_{it} - \delta_2 EASY_{it} - \delta_3 LRRR_{it} - \delta_4 PP_{it} - \delta_5 \frac{RPP}{RPMC_{it}} + \delta_6 \frac{PSPP}{PSPM_{it}} + \delta_7 TCCP_{it} + \varepsilon_{it},$$

$$i = 1, 2, \cdots, 30; \ t = 1998, 1991, \cdots, 2019 \quad (6.1)$$

职住倾向面板数据模型[式(6.1)]变量与代表符见表6-1。

---

① 详细论述参见第5章。
② 参见后文。

表 6-1 职住倾向面板数据模型 [式(6.1)] 变量与代表符

变量名	模型变量（中文）	模型变量名全称（英文）
RER	职住倾向*	residential employment rate
AEY	职工在园区工作平均年限	average employment year
EASY	园区职工平均受教育年限	employment average schooling year
LRRR	本地户籍职工比重	local registered residence rate
PP	园区污染	pollution in park
RPP	园区居住价格	residence price in park
RPMC	母城居住价格	residence price in mother city
PSPP	园区人均公共服务用地面积	public service land per capita in park
PSPM	母城人均公共服务用地面积	public service land per capita in mother city
TCCP	园城间交通成本	transportation costs between the city and the park

注：*职住倾向=常住园区板块的职工及眷属÷园区板块全部职工及眷属。

采集利用工业园数据，可用分类面板数据估计和检验模型得到职住倾向函数，用于确定园区常住人口数量，进而根据人均居住用地、人均商业服务业用地、人均公共服务用地、人均绿化用地等标准确定工业园板块的生活服务功能区的空间大小。

6.2 确立工业用地配置的基本产出效率标准

如上文所述，有园区无产业（或少产业）的空城本质上为严重低效利用土地的问题，产地融合的一个重要评判标准在于土地产出率，所以有必要确立开发区工业用地产出率的基本标准，用以对工业园产城融合发展提供一个初步导引，这个标准可以通过自回归单整移动平均 ARIMA（p，d，q）模型予以确立。模型设定依据包括以下几点。

第一，利用过去的数据预测未来并确立未来的基本标准是常用的做法，已经在较多领域被认可和实施。

第二，工业用地产出强度基本标准可以根据工业用地产出强度众数预测值确定。众数能直观地说明客观现象的集中趋势，是出现频率最高的观察值，具体到本研究对象而言，表示在诸多工业园用地产出率观察值中，最多数目工业园所达到的用地产出率水平。均值易于受到极端值的影响，若工业园中存在畸高或畸低的产出率，都会影响平均产出率。众数则不会受到这样的影响，它带有"最大频数"（相对而言最多数工业园）的特征，是一个有更加充分理由要求各地达到的水平，也是那些处于用地效率下风的工业园"跳起来可以摘到的桃子"。若以用地效率众数为标准规划工业用地数量，在产值规划目标确定的情况下，可以比较充分地满足用地需求，又会对粗放用地、低效产业引进行为形成一定约束。

第三，以自回归单整移动平均（ARIMA）模型预测工业用地产出强度众数是合意的，因为工业用地产出强度影响因素及其相互关系相当复杂，诸多经济变量依赖该指标确立后才能展开分析，对它的预测若采用结构式模型则难以达到理想效果。

基于以上考虑，构建工业用地产出强度众数预测模型如下：

$$\Delta^d \text{MOIM}_t = \varphi_1 \Delta^d \text{MOIM}_{t-1} + \varphi_2 \Delta^d \text{MOIM}_{t-2} + \cdots + \varphi_p \Delta^d \text{MOIM}_{t-p} + \varepsilon_t - \theta_1 \varepsilon_{t-1} - \cdots - \theta_q \varepsilon_{t-q} \quad (6.2)$$

[式（6.2）] 中，MOIM 表示工业用地产出强度众数（industrial manufacturing output intensity mode），为 d 阶单整序列，ε_t 为白噪声。用自相关函数（ACF）和偏自相关函数（PACF）工具可以判定模型结构和 p、q 阶数。

各地区可以利用该模型预测自身所属地区类别的工业用地在不久未来的产出率众数，并把它作为衡量自身工业园产城融合程度[①]的标准之一。运用该模型时，需要注意以下几个工作要点。

首先，明确本地所属地区类别，采集同类别地区各工业园的工业用地效率数据，从中得到历年众数。因为不同类别地区工业用地效率不具有可比性，比如东部发达地区和西部落后地区、省会地区和地县区域、优化发展区和限制开发区，经济发展水平和使命各异，不可以用同样的工业用地产出率作为衡量各地产地融合的标准。地区类别划分标准，可以采用根据国民经济行业差异、《工业项目建设用地控制指标》（国土资发〔2008〕24 号）划定的土地市县等别，该标准将土地市县等别共划分为 7 类 15 等。

其次，容积率是影响工业用地产出率的重要因素，在其他条件不变的情况下，提高容积率可以同比例提高工业用地产出率。为简化计算，可先令各类城镇建设用地容积率都为 1，用建筑面积替代用地面积，在涉及规划编制、工业用地配置、考核评估等实际工作时再把规定的容积率考虑进去计算。

---

① 具体是产地融合程度。

6.3 合理确定工业园板块的工业生产功能区和生产性服务功能区面积比例

中国《城市用地分类与规划建设用地标准》对城市居住用地、公共管理与公共服务设施用地、工业用地、道路与交通设施用地、绿地与广场用地的比例做出了规定（参见表6-2），没有对工业用地与生产性服务产业用地的比例做出规定，想要做出适用于全国的类似比例规定也是不可能的。在城市规划建设实践中，混合用地——包括工业和生产性服务业混合用地并不鲜见，但在一些假定条件下，围绕产业和城市用地的协调、工业和生产性服务业的融合、城市用地效率提升，对确定工业园板块的工业生产功能区和生产性服务功能区的面积比例提出一些思路、方法，对包括工业园板块建设在内的城市规划建设理论和实践还是有一定意义。这也是实现工业园产城融合所必需的：工业和生产性服务业与城市载体（城市用地）的融合意味着产业健康发展和高效用地，而工业和生产性服务业之间、生产性服务业内部产业之间存在供需协作和竞争等互动关系，要求比例协调，工业园板块的产业之间互动关系和比例关系反映在城市用地上就是工业生产功能区和生产性服务功能区的比例关系，只有把这种比例关系把握好了，才能实现工业园产城融合。

表6-2 规划城市建设用地结构[①]

用地名称	占城市建设用地比例（%）
居住用地	25.0~40.0
公共管理与公共服务设施用地	5.0~8.0
工业用地	15.0~30.0
道路与交通设施用地	10.0~25.0
绿地与广场用地	10.0~15.0

一个城市的生产性服务业在服务本市的生产活动以外，一般也对外广域辐射，同时，本市的生产性服务需求也不仅仅由本市的企业予以满足。对于工业园和它的周边毗邻区域构成的城市板块而言，其生产性服务业同样广域辐射，其生产性服务需求也由来自全市、全国乃至更广范围的供应商予以满足。所

---

① 参见《城市用地分类与规划建设用地标准》（GB 50137—2011）。

以，要根据工业园的生产性服务需求规划工业园板块或全市需发展生产性服务功能区的面积，是无法完成的任务。

不过，关于产城融合的研究无法绕开工业生产功能区与生产性服务功能区的关系问题，在理论上厘清二者关系，有助于更深入把握产城融合原则，对实践工作方向也可以起到参考作用。为此，我们在严格假设条件下，尝试探讨工业园板块内工业生产功能区和生产性服务功能区的规模比例问题。

为简化分析，假定存在以下条件[①]：①园区板块中的服务业仅服务于园区板块本身，对外辐射作用为0（实际确定园区板块功能分区和用地结构时，对显著向外辐射的服务业，尤其是辐射强的生产性服务业单独规划用地）；②园区板块建设于空白地块上，没有常住人口，没有存量建设用地；③在计算期内，园区板块建设用地总量不变；④中心大城市[②]对中小城市（含园区板块）的辐射只受到交通成本的影响。

鉴于工业和生产性服务业之间的互动关系，生产性服务业发展对自身产业素质的积极影响，在其他条件不变的情况下，随着生产性服务用地配比（PS/M）上升，工业用地产出强度（MOI）将上升，但生产性服务业用地配比（PS/M）对工业产出的边际效应是递减的，所以工业用地产出强度（MOI）曲线斜率单调递减，当布局了过量的生产性服务功能区时，则增量生产性服务业对工业产出的影响微乎其微，逐渐趋近于0。

另外，在生产性服务业用地配比（PS/M）较小时，生产性服务业由于工业对其存在强劲需求，会呈现较高的产出强度；反之则生产性服务用地产出强度会下降，也就是说，单纯考虑工业发展对生产性服务业的需求时，生产性服务功能区的产出强度随生产性服务业用地配比（PS/M）递减。但是，生产性服务业内的细分行业之间常常存在供需关系——业务扩张效应，生产性服务业同业之间也存在集聚效应，这两种效应又使得生产性服务功能区的产出强度存在随生产性服务业用地配比（PS/M）增加的递增效应。在PS/M相对较小时，递增效应一般大于上述递减效应，生产性服务功能区产出强度递增；在PS/M相对较大时，递增效应会逐渐弱于递减效应，生产性服务功能区产出强度递减。因此，生产性服务用地产出强度（productive service land output

---

[①] 这些假设在现实经济生活中几乎不存在，但基于此假设展开分析仍是有意义的，经济学研究的一个基本方法就是基于严格假设开展研究，然后逐步放松假设，得出具有更加普适性的结论。

[②] 指与工业园板块最近的全国或区域性中心城市，工业园母城则指工业园处在的城镇，是工业园的依托，大多数情况下工业园母城与中心城市指不同城镇。

intensity，PSOI）曲线在经历一定的递增阶段后递减，$\lim\limits_{(PS/M)\to\infty} PSOI = 0$，如图 6-1 所示。

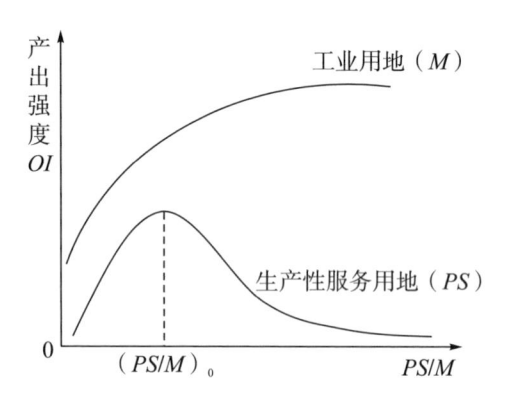

图 6-1　工业用地与生产性服务用地产出强度关系曲线

当 $PS/M < (PS/M)_0$ 时，工业用地和生产性服务业用地产出效率同时提高，增加 PS/M 是合意的，所以理想的 PS/M 值 $\geq (PS/M)_0$，处于工业用地产出强度（MOI）和生产性服务业产出强度（$PSOI$）此消彼长的阶段——在假设前提下，生产性服务业用地产出强度（$PSOI$）的边际减量是工业用地产出强度（MOI）边际增量的机会成本，所以，园区板块土地要素在工业和生产性服务业两种用途上的最优配置条件——理想的生产性服务用地配比（PS/M）满足：

MOI 边际增量 × 工业用地面积 = $PSOI$ 边际减量 × 生产性服务用地面积

变形为

$$\frac{PS}{M} = \frac{\mathrm{d}MOI}{\mathrm{d}PSOI} \qquad (式6.3)$$

那么如何得到适宜的 $\frac{\mathrm{d}MOI}{\mathrm{d}PSOI}$ 值呢？一个可能的办法是根据科布-道格拉斯生产函数基本逻辑构建联立方程模型［式（6.4）］并回归分析得到拟合值，这个模型包括 3 个结构方程：工业用地产出率方程、生产性服务用地产出率方程、母城生产性服务方程。工业用地产出强度方程表明其受到生产性服务用地配比、投资强度、就业密度、职工教育程度、母城生产性服务的正向影响；受到与中心城市交通成本的负向影响，因为中心城市是先进生产性服务业的集聚地，与中心城市交通成本越低，获得中心城市先进生产性服务的交易成本就越低，工业园板块的工业产出水平就越高。

$$\begin{cases} \ln MOI_{it} = \alpha_0 + \alpha_1 \ln\left(\frac{PS}{M}\right)_{it} + \alpha_2 \ln MLD_{it} + \alpha_3 \ln IEAS_{it} + \alpha_4 \ln II \\ \qquad\qquad + \alpha_5 \ln MCPS_{it} - \alpha_6 \ln TCM_{it} + \delta_{1i} + \varepsilon_{1it} \\ \ln PSOI_{it} = \beta_0 + \beta_1 \left(\frac{PS}{M}\right)_{it} - \beta_2 \left(\frac{PS}{M}\right)_{it}^2 + \beta_3 \ln PS\,LD_{it} + \beta_4 \ln PSHC_{it} \\ \qquad\qquad - \beta_5 \ln TCM_{it} + \delta_{2i} + \varepsilon_{2it} \\ MCPS_{it} = \gamma_0 + \gamma_1 PSPM_{it} - \gamma_2 PSPP_{it} - \gamma_3 TCCP_{it} + \delta_{3i} + \varepsilon_{3it} \end{cases}$$

(6.4)

［式（6.4）］中，$i=1,2,\cdots,n$；$t=1995,1996,\cdots,2019$。

生产性服务用地产出强度方程表明其主要受到就业密度、人力资本等因素正向影响；由于上文讨论到的生产性服务用地产出强度随生产性服务用地配比先上升再下降的关系，在该方程中出现生产性服务用地配比的二次项；园区板块的生产性服务业水平会因为受到中心城市的辐射而提高，因此其产出强度与到中心城市的交通成本负相关；此外，生产性服务业一般属于知识密集型、劳动密集型产业，产出强度与投资强度相关性弱，不把后者纳入生产性服务用地产出强度模型解释变量中。

工业用地产出强度方程中涉及母城对工业园板块的生产性服务，对它的估计可以通过［式（6.4）］中的第三个结构方程实现。该方程表明，母城对工业园板块的生产性服务受到母城生产性服务充足率的正面影响，母城生产性服务越充分，则工业园板块从母城能获得的生产性服务可能就越多；至于母城生产性服务的充足率，可以用母城就业人口人均生产性服务用地表示[①]。母城对工业园板块的生产性服务受到园区板块生产性服务充足率的负面影响，园区板块生产性服务供给越充分，则需从母城获取的就越少，这里我们用园区职工人均生产性服务用地表示园区生产性服务充足率。母城生产性服务还受到工业园与母城之间交通成本的负向影响，交通成本越高，则母城生产性服务业企业向工业园企业提供服务的成本会增加，导致均衡的母城对工业园生产性服务量减少。

在［式（6.4）］中，δ 表示第 i 个工业园板块不随时间而改变的个体固定效应，导致这种个体固定效应的因素包括各地不同的经济、社会、历史、文化和地理等方面的因素，前文所提到的市县等别分级依据正是这些因素，可以说

---

① 可能存在用生产性服务业产值表示生产性服务充足率的观点，这里之所以不用产值表示，是因为该变量与被解释变量存在双向因果关系，会导致内生性问题，而用地供应是政府行为，由近中长期规划、年度计划或上级政府决定，一般与被解释变量不存在因果关系。

市县等别差异是形成这种个体固定效应的重要因素。

联立方程模型［式（6.4）］变量与代表符见表6－3。

表6－3 联立方程模型［式（6.4）］变量与代表符

代表符	模型变量（中文）	模型变量（英文）
II	固定资产投资强度	investment intensity
MLD	工业用地就业密度	labor density
IEAS	工业职工平均受教育年限	employment average schooling year
MCPS	母城生产性服务	mother city productive service
TCM	园区板块到中心城市的交通成本	transportation costs to metropolis
PSLD	生产性服务用地就业密度	productive service land labor density
PSHC	生产性服务用地人力资本强度	productive service land human capital intensity
PSPM	母城就业人口人均生产性服务用地	productive service land per labor in mother city
PSPP	园区职工人均生产性服务用地	productive service land per labor in park
TCCP	园城间交通成本*	transportation costs between the city and the park

注：* 交通成本 = 公共交通费用 ÷ 交通舒适度。

在处理好可能的个体固定效应和时间固定效应并克服内生性等问题的基础上，可以得到［式（6.4）］参数的最佳线性无偏（或一致）估计量，并可由方程1的回归结果得到

$$\frac{\partial MOI}{\partial (PS/M)} = \hat{\alpha}_1 \frac{MOI}{PS/M} \tag{6.5}$$

从回归方程2可得到

$$\frac{\partial PSOI}{\partial (PS/M)} = \hat{\beta}_1 \tag{6.6}$$

［式（6.5）］除以式（6.6）可得

$$\frac{\partial MOI}{\partial PSOI} = \frac{\hat{\alpha}_1}{\hat{\beta}_1} \frac{MOI}{PS/M} \tag{6.7}$$

［式（6.2）］除以［式（6.6）］可得生产性服务用地配比的理想值［式（6.7）］。其中的 MOI 标准可由［式（6.2）］得到，它按《关于发布和实施〈工业项目建设用地控制指标〉的通知》（国土资发〔2008〕24号）中的15级市县等别分类确定，MOI_j 表示第 j 类等别市县的工业用地产出强度标准。这里的生产性服务用地配比是一种理论参照标准值，由生产性服务用地配比对工业生产功能区产出强度影响（$\hat{\alpha}_1$）、生产性服务用地配比对生产性服务业产出

强度影响（$\hat{\beta}_1$）、工业用地产出强度标准（MOI_j）三个因素决定，是单纯考虑产业间的供需关系和集聚效应下确立的一个理论参照标准，因为 $\hat{\alpha}_1$ 和 $\hat{\beta}_1$ 代表着排除了工业生产功能区的污染和安全负外部性等其他自变量之外的影响。这个理论参照值是一种理想值，计算它的意义在于各地工业园可以对照查看自己的差距或偏离程度。

$$\widetilde{\frac{PS}{M}}_j = \sqrt{\frac{\hat{\alpha}_1}{\hat{\beta}_1} \cdot MOI_j} \qquad (6.8)$$

那么工业园污染和安全影响等外部性因素对这种偏离的影响是多大呢？考虑到工业园污染等各方面现实因素的情况下，各地工业园板块应该怎样确定自己的生产性服务用地配比呢？我们可以通过构建并回归配比系数调整模型［式(6.9)］寻找答案。由于生产性服务用地配比（PS/M）值与园区污染、母城服务负相关，与生产性服务用地产出强度滞后变量和工业用地产出强度滞后变量正相关，须根据这些因素调整生产性服务用地配比理想值 $\left(\widetilde{\frac{PS}{M}}_j\right)$，设定配比系数调整模型如下：

$$\left(\frac{PS}{M}\right)_{it} \div \widetilde{\frac{PS}{M}}_j = \gamma_0 - \gamma_1 PP_{it} - \gamma_2 MCPS_{it} + \gamma_3 PSOI_{i,t-1} + \gamma_4 MOI_{i,t-1} + u_{it},$$

（式6.9）

式（6.9）中，$i=1, 2, \cdots, n$；$j=1, 2, \cdots, 15$；$t=1996, 1991, \cdots, 2019$；$PP$ 表示开发区污染（pollution in park）和安全威胁等负外部性，具体包括粉尘污染、空气污染、噪声污染、工业原材料和产品大量运输、储存和生产过程中对周边可能产生的安全威胁等。

经采集数据，并将前述生产性服务用地配比理想值 $\widetilde{\frac{PS}{M}}_j$ 代入模型［式(6.9)］可获得被解释变量观察值。若经内生性、序列相关、异方差、个体效应、时间效应等问题处理后，可获得模型参数的一致估计量，各地工业园规划建设和管理部门在模型中带入本地工业园污染、母城生产性服务等观察值后可得到生产性服务用地配比调整系数拟合值，可用于实际规划中调整开发区中工业用地和生产性服务业用地的比例关系与理想值之间的差异，从而实现对工业生产功能区与生产性服务功能区的数量关系的调整。

6.4 增强工业园区产业发展规划的科学性

有的工业园企业入驻率低，工业用地投资强度不足、就业密度不足的问题，服务功能区配套建设不足的问题，也与工业园产业发展规划不够科学有关。提升产业发展规划科学性的关键在于根据宏观（国内外）和中观（各地区）层面工业化进程更加准确地预期本地可能实现的工业结构和经济规模。预期准确将提升产业发展规划的科学性，科学的产业发展规划可以为招商引资提供引导，包括招引什么样的产业门类[①]，什么样技术水平的企业——劳动密集型、资本密集型、技术密集型或资源依赖型，都受到产业发展规划的直接影响。所以科学的产业发展规划，预期理性，主导产业定位准确，能够推动工业园企业入驻，形成富有竞争优势的产业集群，从而提升园区的投资强度和土地利用效率。

另外，科学的产业发展规划可为公共投资提供指引（参见图6-2），它通过更为准确地预测本地工业园的工业结构和经济规模，可以进一步推算工业园可能的污染程度及可控度，也可以预测到物流特征[②]、就业密度、人口结构和所需要工业用地的面积，这些推断有助于政府科学决策污染治理投资的规模和方向，有助于政府科学编制仓储物流规划，有助于政府确定适宜的土地征收和开发规模，也有助于控制生产功能区、生产性服务功能区、生活性服务功能区的比例结构和空间距离，使得它们相互支撑，又克服工业污染可能带来的负面影响，促进产城融合。

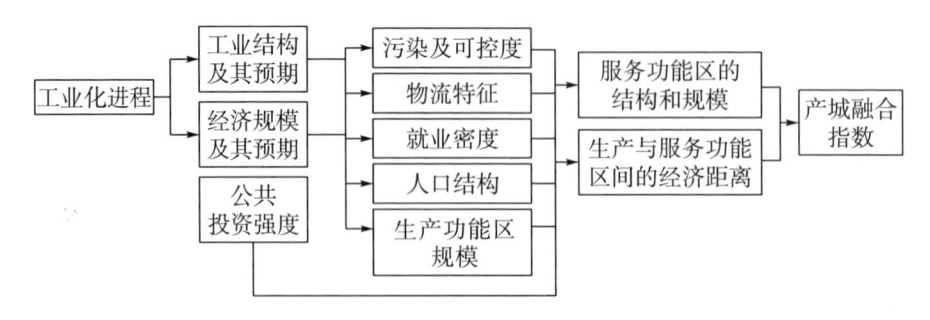

图6-2 工业园产业发展规划科学性与产城融合

[①] 这往往是以产业发展规划确定的主导产业为转移。
[②] 比如，装备制造业意味着大件物流，高新技术企业意味着物流减量化。

6.5 积极推动绿色制造和产业转型升级

如上文所述，工业污染是妨碍产城空间融合的重要障碍，必须推动产业转型升级，推动技术进步和清洁生产，淘汰落后产能，在技术、环保等方面设置较高的入园门槛，积极引进科技含量高、资源耗费低、环境污染少、经济效益好的工业企业，大力发展战略性新兴产业、智能制造和高端制造业，建设生态园区，就近布局生产性服务功能区和生活性服务功能区，促进产城空间融合。

产业转型升级的作用机制可概括为"（工业结构↑＋经济规模↑）→（工业污染↓＋生产和生活服务需求↑）→（城市功能区结构↑＋规模↑＋距离↓）→产城融合度↑"。随着工业结构升级，企业技术水平提升，技术密集型、知识密集型产业比重增加，资源依赖型工业比重下降，高消耗高排放企业比重下降，战略性新兴产业等新兴产业比重上升，并伴随工业园经济规模提升，园区的污染排放减少，并且污染治理将呈现突出的规模效应；这反过来可进一步减少园区的废水、废气、废渣排放，进一步减少工业生产和运输中的粉尘，为园区配套建设生产性和生活性服务设施创造了条件。工业园内只要有企业生产，生产性服务需求就存在，而工业结构转型升级的过程、清洁生产的过程以及排放物和环境治理等过程又会加强对生产性服务的需求。只要园区内有职工工作，其生活需求就会存在并发展，一个简单的例子是员工用餐问题——随着人们对美好生活需求的向往日益加强，企业食堂饮食的单调性、非高品质性越来越不能满足职工的需求，同时职工还有下班后健身的需求，更有就近居住、缩短通勤距离、降低通勤费用、减少通勤时间、减轻交通痛苦的需求，这些需求的满足都有赖于工业结构升级实现污染和安全危险显著降低，只有那样才能就近配套建设生活服务功能区[①]。这样，随着工业园的生产性服务功能区建设和生活性服务功能区建设推进，在工业园所在的城市板块就朝着集生产生活生态为一体的综合性城市功能区逐步转变，当这三种功能区的规模也日益增加的时候，工业园和母城之间的距离也随之下降了，一些成功发展的工业园最后转变为高新技术产业开发区，并与母城融为一体，实现高度产城融合。

---

① 高档的商务办公区等生产性服务配套功能区也需要一个较好的环境，虽然它相对于生活性服务功能区的建设环境容忍度更高一些。

6.6 合理控制公共投资的节奏

工业园建设离不开大量的公共投资，包括成片开发要求的征地拆迁，围绕通路、供水、排水、供电、供气、通信等方面任务和场地平整任务开展"三通一平"或"七通一平"建设工程。我们在前文已经论述了地均投资强度不足的问题，它的背后原因是多方面的，一个不容忽视的问题在于有的地方在工业园建设的成片开发中过度扩大规模，对于土地先征待用、征而不用，而宽阔的道路网络、地上地下基础设施网络已然铺就。调研发现较多工业园存在这种现象：高标准道路和水电气等基础设施网络投资已经完成的工业园，空空荡荡，或者在一堵围墙后长满野草。这种"铺大摊子"的现象造成土地和公共投资供给超过产业发展的阶段性需要，土地利用效率低下，有城市载体，却没有产业，"产"与"地"不协调。为此，有必要提高公共投资节奏的适宜性，在园区建设中，注意分阶段分步骤，注意与产业发展需要相衔接。只有注重工业园建设的阶段性，才能真正提升公共服务水平，提升公共设施使用效率，增强产业与城市载体的协调性，推进产城融合。反之，如果公共投资结构跟不上产业发展的需要，企业准备到某工业园投资办厂，或者想要扩大生产规模，土地利用需求却不能得到满足；或者企业正常的水电气物流等基本要素因为公共投资没有跟上，则为城市载体不能满足产业发展需要，也属于"产"与"地"不融合，需要加快公共投资节奏，促进产地融合。简言之，公共投资节奏适宜性与产城融合的关系可以表示为"公共投资强度适宜性↑→（服务指数↑+设施使用效率↑）→产城融合度↑"。

7 研究结论和政策建议

产城融合即城市人口、产业和载体的协调均衡和相互支撑，其中人口是产城融合的核心变量和根本目的；它又可理解为城市人口、生产功能区、服务功能区三者之间协调均衡、布局合理、互相支撑的关系。产城融合型工业园可以分为三类：第一类为功能完备的独立工业镇或工业新区，第二类为与母城融为一体的绿色工业园，第三类为通过便捷交通和信息化设施快速联结母城的传统工业园。工业园产城融合分析的两个重点在于产住融合和产地融合分析，对前者我们通过构建工业园就业者职住关系模型展开，对后者我们通过构建工业用地产出率模型展开，基于这两个方面的研究结论呈现了工业园产城融合的关键因素和影响机制。

7.1 关于工业园产住融合影响因素和机制的研究结论

我们通过抽样调查获取成都经开区职工数据，根据样本数据计算成都经开区就业者居住平衡率为0.631，他们的居住范围包括成都经开区内部及周边街道或镇，十年前在开发区较为普遍存在的严重职住分离现象[10]在现今的成都经开区已有较大改观，显示产住融合度在工业生产逐步绿色化进程中也随之提高。

从职工住房结构看，居住保障房屋①、一般性市场租赁房（以下简称租赁房）、自有产权房的职工分别为12%、29.7%、58.2%。其中职住一致就业者在工作期间住保障房的占15%，住普通市场租赁房的占37%，显示保障房供

---

① 这里的保障房做广义理解，包括政府提供的人才公寓、公租房、廉租房和单位提供的免费或低价租赁房。

给水平有待提高。值得注意的是，外来型职工中有17.7%远离[①]工作地租房居住，有29%远离工作地购房居住，表明经开区周边居住吸引力不够理想。

通过二值选择模型回归分析发现，长期居住地类型、孩子数量及其与职工学历的交互作用、职务与婚姻等因素对就业者职住关系的影响是显著的，其中长期居住地类型的影响尤为突出，揭示了经开区就业者职住关系选择的内在机制。

（1）职工在很大程度上根据居住搬迁成本（亲邻关系成本+经济成本）和通勤成本"两害相衡取其轻"的原则选择居住地点从而形成相应职住关系，因此周边型、外来型、未婚职工倾向于职住一致，市内型、已婚职工倾向于职住分离。

（2）随着学历提升，职工愈加重视孩子教育问题，对优质教育资源愈加敏感；随着职务提升，职工愈加重视宜居环境。而成都经开区周边生活、教育资源配套不足，使得高学历、高职务就业者更愿意远离工作地居住，因此他们的居住平衡率较低。

对样本经济技术开发区产城融合的评价和比较分析发现，工业园居住配套与工业园对环境的负外部性之间的负相关性对产城融合度具有突出影响，工业园负外部性越高，则居住配套区规模应当越小，反之则反。工业园绿色制造体系的成熟程度决定着工业园产城融合的适宜模式，若集聚工业主要属于工业化中后期的具有一定负外部性的重工业，绿色制造体系处于成长期，则适宜采用成都模式；工业园已属于发达经济体，绿色制造体系已经成熟，则适宜采用北京模式。

7.2 关于工业园产地融合影响因素和机制的研究结论

工业用地投资强度对产出率的提升作用与人们的预期存在较大的差距，地级城市工业用地投资强度对产出率增长的贡献率只有21.36%。研究显示，由于全要素生产率的积极作用和较慢的工业用地投资强度增速的影响，工业用地投资强度的边际贡献逐年递增，从2019年数据来看，单位工业用地的固定资产每增加1万元，可使地均产出率增加2.492万元。

城市工业用地就业密度逐步下降是大势所趋，但存在非正常下降因素，应

[①] 若非特别说明，本章中"周边""远离（或分离）"与前述关于职住关系、户籍类型界定中的"周边""远离（或分离）"含义一致。

予以遏制。城市工业用地就业密度对产出率的弹性系数为 0.179，但由于工业用地就业密度呈现逐渐下降态势，1999 年来对产出率提升的贡献率为 −7.4%。由于技术进步、产业升级、劳动者素质提升等因素影响，长期来看，就业密度必然呈现下降态势。不过，一些非正常因素也可能导致就业密度下降，比如工业从业人员待遇过低、生活保障不足、工业用地供地冗余等。

全要素生产率是推进城市工业用地产出效率提升的首要因素，显示工业经济发展方式呈现了积极的转变，应加强其作用以加速这种转变，在工业用地配置和集约性评价中高度重视全要素生产率相关指标，并赋予足够高的权重。在第 5 章工业用地效率模型中，TFP 包括个体固定效应、时间固定效应和残差的影响，其中，个体固定效应包括区位、自然环境、历史人文环境等变量，时间固定效应包括技术进步、宏观经济变动、产业政策影响等变量。分析显示，无论在统计意义上还是经济意义上，个体区域特性和时间演变对工业用地产出效率都存在显著影响。

通过 1999—2019 年西部地级城市样本面板数据分析并与东部比较发现，西部与东部的地均产出差距仅有略微缩小。地均产出的直接影响指标分析显示，西部地区对发展劳动力密集工业重视程度不够，使得工业用地就业密度按年均 3.44% 的速度下降，对地均产出提升的贡献为 −3.4%；同时，西部地级城市在近些年过快发展了资本密集工业，投资强度初步实现了对东部的追赶，但工业 TFP 与东部的差距进一步扩大，技术进步、管理改善、人力资本等方面横向比较更加落后于东部，缺乏 TFP 支持的资本密集工业发展并不稳定，投资强度在近年出现较大幅度波动，地均产出提升速度不够理想，与东部的差距仅有略微缩小。

四川地级城市工业 TFP 显著高于西部平均水平，为四川担当西部"领头羊"提供了动力；但四川地级城市工业用地产出率略低于西部平均水平，投资强度、就业密度都明显低于西部平均水平，映射出四川地级城市工业用地粗放的突出问题。

7.3　关于推进工业园产城融合的对策建议

经过规范分析和实证分析，基于上述研究结论，我们提出如下对策建议。

（1）合理确定工业园板块的功能分区面积比例和空间布局，根据人口预测结果配置规模适宜的生活功能区，实现生产、生活、生态各功能区结构合理，工业和生产性服务业、生活性服务业、公共服务业融合协调。将促进外来职工职住一致作为工业园职住平衡工作的基本任务,为降低其居住搬迁落地的经济成本,强化其社区亲邻关系,需在工业园周边为他们充分供给包括限价房、公租房、人才公寓在内的保障房,并加强外来职工社区建设,通过丰富多彩的社区活动促进他们的感情交流,增强职工亲邻关系和归属感,强化其职住一致倾向。

对于具有较大发展潜力的工业园,宜在其周边适当区位或母城规划布局高质量生活区,完备配套优质教育、医疗、商业、游憩、文化、居住等功能,提高职工子女教育保障力度,吸引包括高学历、高职务在内的工业园就业者在工作地就近居住,推进职住一致,提高居住平衡率和产住融合度。

在各功能区空间布局上,在工业园外部性较弱的情况下生活服务、生产性服务功能区可布局在工业园内部或周边,否则适宜布局在母城。一个参考办法是在工业园周边6公里半径内又有利于融于母城的区位规划建设生活区,既有助于实现职工通勤距离在9公里之内,又能隔离工业园内部可能存在的污染,也可便捷利用母城既有功能。在某些以高新技术企业为主的绿色工业园,布局绿化隔离带后在几百米外配套生活服务和生产性服务功能区,也是适宜的。

(2) 因时因地确定工业用地的产出效率标准,用于指导工业园板块规划、工业用地配置、企业入园、工业用地评价等工作,用于倒逼工业用地投资强度提升和阻止就业密度非正常下降。目前工业园并存"孤岛"和粗放用地现象,当前通过遏制工业用地粗放利用、严格执行工业项目用地投资强度标准、鼓励工业固定资产投资等政策措施适度提高工业用地投资强度是必要的,对于西部地区尤其需要加强实施工业用地投资强度促进政策。为此,需加强各地区尤其是西部工业节约集约用地管理,包括在理性论证基础上科学规划,循序渐进开展建设;采用回购、用地性质调整、行政处罚等措施加大对闲置和低效工业用地的处理力度;工业用地弹性出让,避免被低效利用主体长期占用;鼓励提升工业用地容积率。2019年就业密度每新增加1个单位(万人/km^2),对工业用地产出强度的边际贡献是11.644亿元/km^2,纠正工业领域就业密度非正常下降的收益是显著的。应适度提高工业职工薪酬水平,注重强化各工业园区员工的生活保障。

(3) 积极推进工业园产业转型升级,健全绿色制造体系,加快提升全要素生产率,降低工业园的负外部性。全要素生产率对1998年来城市工业用地产出率增长的贡献率高达86.04%,宜巩固强化和提升全要素生产率的进步趋势,加快工业园转型发展步伐。随着工业技术水平日益提升,生产清洁化、低碳化日益加强,在工业园周边布局高质量生活功能区和生产性服务功能区的可行性进一步增强。西部工业迫切需要加快 TFP 进步,遏制与东部 TFP 差距进一步扩大的势头,为西部工业用地产出率提升提供新动能。所以,要积极推进技术进步,还要注重改善营商环境、健全基础设施,缩小中西部与东部地区在这些方面的差距,并加快中部地区老工业基地转型升级,加速提升全要素生产率。

(4) 提升工业园板块公共投资节奏的适宜性,改善交通方案助推产城融合。在工业园板块过度超前的公共投资会造成低效利用,加重产城失调,基础设施和公共服务设施的投资都是如此,应避免这种过度超前投资。宜尊重长期居住地在本市但与工作地距离较远的职工因为居住搬迁的亲邻关系成本和经济成本高于通勤成本而形成的职住分离现象,不宜片面动员他们实现职住一致,并应正视工业负外部性导致的职住分离,宜设法提升工业园和母城间通勤的便捷性和舒适性,降低园区职工通勤时间成本和痛苦成本,其措施包括加快轨道交通建设,促进公共交通个性化等。由于工业园职工为早晚通勤,上班期间工业园内部人流量很少,常规运行公共汽车会出现相应的运力不足和公共资源浪费现象,所以个性化的公交,包括企业定制、从企业到地铁站的路径设计等个性化方式是值得推行的。

(5) 增强工业园产业发展规划的科学性,并使其成为工业园建设规划的导引。宜顺应比较优势和潜在比较优势确立主导产业方向,西部地区宜更加重视发展劳动密集型工业,需在可能的范围内鼓励较高的就业密度,逐步实现对东部地区的赶超。科学开展产业发展规划,理性确立产业发展目标,有利于遏制各地尤其是中西部工业园区、工业新城建设中出现的盲目"铺大摊子"行为,有利于解决对产业发展前景过分乐观造成工业用地闲置问题。

参考文献

[1] 吴中兵，邓运，李松华，等. 当前我国开发区的特征与发展趋势［J］. 管理世界，2018，34（8）：184-185.

[2] 习近平. 在中央城镇化工作会议上的讲话［M］//中共中央文献研究室. 十八大以来重要文献选编（上）. 北京：中央文献出版社，2014.

[3] 李克强. 凝聚共识、形成合力推进城镇化更稳更好发展［M］//中共中央文献研究室. 十八大以来重要文献选编（上）. 北京：中央文献出版社，2014.

[4] 曹建海. 中国城市土地高效利用研究［M］. 北京：经济管理出版社，2002.

[5] 郑振刚. 供给侧结构性改革下创新存量工业用地管理探析［J］. 中国土地，2016（8）：15-17.

[6] 杨思莹，李政，孙广召. 产业发展、城市扩张与创新型城市建设——基于产城融合的视角［J］. 江西财经大学学报，2019（1）：21-33.

[7] 张建清，白洁，王磊. 产城融合对国家高新区创新绩效的影响——来自长江经济带的实证研究［J］. 宏观经济研究，2017（5）：108-117.

[8] 丛海彬，段巍，吴福象. 新型城镇化中的产城融合及其福利效应［J］. 中国工业经济，2017（11）：62-80.

[9] 阿尔弗雷德·韦伯. 工业区位论［M］. 李明剑等，译. 北京：商务印书馆，1997.

[10] 沃尔特·克里斯塔勒. 德国南部中心地原理［M］. 常正义，王兴中，译. 北京：商务印书馆，1998.

[11] 奥古斯特·勒施. 经济空间秩序——经济财货与地理间的关系［M］. 王守礼，译. 北京：商务印书馆，1995.

[12] 刘畅，李新阳，杭小强．城市新区产城融合发展模式与实施路径［J］．城市规划学刊，2012（7）：103-98．

[13] 孔翔，杨帆．"产城融合"发展与开发区的转型升级［J］．经济问题探索，2013（5）：124-128．

[14] 罗守贵．中国产城融合的现实背景与问题分析［J］．上海交通大学学报（哲学社会科学版），2014，22（4）：17-21．

[15] 中国社会科学院工业经济研究所．中国工业发展报告（2014）：全面深化改革背景下的中国工业［M］．北京：经济管理出版社，2014．

[16] 李文彬，陈浩．产城融合内涵解析与规划建设［J］．城市规划学刊，2012（7）：99-103．

[17] 卢为民．工业园区转型升级中的土地利用政策创新［M］．南京：东南大学出版社，2014．

[18] 谢呈阳，胡汉辉，周海波．新型城镇化背景下"产城融合"的内在机理与作用路径［J］．财经研究，2016（1）：72-82．

[19] 吕慧芬，刘珊珊，张志丹．我国西部生态脆弱地区产城融合规划探索——以乌兰布和生态沙产业示范区总体规划为例［J］．现代城市研究，2016（12）：36-41．

[20] 张沛，段瀚，蔡春杰，等．县域工业集中区产城融合发展路径及规划策略研究——以陕西蒲城工业集中区为例［J］．现代城市研究，2016（8）：39-45．

[21] 陈运平，黄小勇．泛县域经济产城融合共生：演化逻辑、理论解构与产业路径［J］．宏观经济研究，2016（4）：135-142．

[22] 习近平．国家中长期经济社会发展战略若干重大问题［J］．求是，2020（21）：4-10．

[23] 刘诗源，向海凌，吴非．产城融合能促进区域创新吗？——来自中国285个地级市的经验证据［J］．科研管理，2022，43（7）：37-44．

[24] 黄小勇，李怡．产城融合对大中城市绿色创新效率的影响研究［J］．江西社会科学，2020，40（8）：61-72．

[25] 万伦来，左悦．产城融合对区域碳排放的影响——基于经济转型升级的中介作用［J］．安徽大学学报（哲学社会科学版），2020，44（5）：114-123．

[26] BENASSI F, SALVATI L. Urban cycles and long-term population trends in A Southern European city: A demographic outlook［J］. Ap-

plied Spatial Analysis and Policy, 2020 (13): 777-803.

[27] 唐晓宏. 基于灰色关联的开发区产城融合关联度评价研究[J]. 上海经济研究, 2014 (6): 85-93.

[28] 王霞, 王岩红, 苏林, 等. 国家高新区产城融合度指标体系的构建及评价——基于因子分析及熵值法[J]. 科学学与科学技术管理, 2014, 35 (7): 79-88.

[29] 黄桦, 张文霞, 崔亚妮. 转型升级背景下开发区产城融合的评价及对策——以山西为例[J]. 经济问题, 2018 (11): 110-114.

[30] 邹德玲, 丛海彬. 中国产城融合时空格局及其影响因素[J]. 经济地理, 2019, 39 (6): 66-74.

[31] 陈家祥. 中国国家高新区功能偏离与回归分析[J]. 城市规划, 2006, 30 (6): 22-28.

[32] 黄鲁成, 张淑谦, 王吉武. 管理新视角: 高新区健康评价研究的生态学分析[J]. 科学学与科学技术管理, 2007 (3): 1-7.

[33] 李海龙, 于立. 中国生态城市评价指标体系构建研究[J]. 城市发展研究, 2011, 18 (7): 81-86, 118.

[34] 解佳龙, 胡树华. 国家自主创新示范区"四力"甄选体系与应用[J]. 科学学研究, 2013, 31 (9): 1412-1421.

[35] 陈甬军, 张廷海. 京津冀城市群"产城融合"及其协同策略评价[J]. 河北学刊, 2016, 36 (5): 136-140.

[36] 甘小文, 毛小明. 基于AHP和灰色关联的产业承接地工业园区产城融合度测度研究——以江西14个国家级工业园区为例[J]. 南昌大学学报(人文社会科学版), 2016, 47 (5): 88-95.

[37] 颜丙峰. 产城融合发展的现实考量与路径提升——以山东省产城融合发展为例[J]. 山东社会科学, 2017 (5): 184-188.

[38] 何晓群. 多元统计分析[M]. 4版. 北京: 中国人民大学出版社, 2015.

[39] 顾朝林, 等. 中国城市地理[M]. 北京: 商务印书馆, 1999.

[40] 王志美, 李京文. 基于产业技术创新的城市空间演化特征[J]. 城市问题, 2007 (6): 49-51.

[41] 丛海彬, 邹德玲, 刘程军. 新型城镇化背景下产城融合的时空格局分析——来自中国285个地级市的实际考察[J]. 经济地理, 2017, 37 (7): 46-55.

[42] 王慧. 开发区与城市相互关系的内在机理及空间效应[J]. 城市规划, 2003, 27(3): 20-25.

[43] 陈鸿, 刘辉, 张俐, 王洁新. 开发区产业集聚及产－城融合研究——以乐清市为例[J]. 城市发展研究, 2014, 21(1): 1-6.

[44] 魏后凯. 走中国特色的新型城镇化道路[M]. 北京: 社会科学文献出版社, 2014.

[45] 柴彦威, 曲华林, 马玫. 开发区产业与空间及管理转型[M]. 北京: 科学出版社, 2008.

[46] RODRIGUEZ-POSE A, HARDY D. Technology and industrial parks in emerging countries: Panacea or pipedream? [M]. Berlin Heidelberg: Springer Press, 2014.

[47] 于涛方, 顾朝林, 吴涨. 中国城市功能格局与转型——基于五普和第一次经济普查数据的分析[J]. 城市规划学刊, 2006(5): 13-21.

[48] 厉无畏, 王振. 中国开发区的理论与实践[M]. 上海: 上海财经大学出版社, 2004.

[49] 林汉川. 高新技术开发区建设的理论思考[J]. 中国社会科学, 1995(4): 43-43.

[50] 陈粟. 企业孵化器与技术创新[D]. 厦门: 厦门大学, 2006.

[51] 黄杉, 张越, 华晨, 等. 开发区公共服务供需问题研究——从年龄梯度变迁到需求层次演进的考量[J]. 城市规划, 2012, 36(2): 16-24.

[52] 张召堂. 中国开发区可持续发展战略[M]. 北京: 中共中央党校出版社, 2003.

[53] LEWIS N, MORAN W, PERRIER-CORNET P, et al. Territoriality, enterprise and réglementation in industry governance[J]. Progress in Human Geography, 2002, 26(4): 441.

[54] JACOB J. The death and life of Great American cities[M]. New York: Vintage, 1961.

[55] PUTMAN R. Bowling Lone: The collapse and revival of American community[M]. New York: Simon Schuster, 2000.

[56] PORTERS A. The economic sociology of immigration: Essay on networks, ethnicity, and entrepreneurship[M]. New York: Russell Sage Foundation, 1995.

[57] 郑秉文. 拉丁美洲城市化: 经验与教训[M]. 北京: 当代世界出版

社，2011.

[58] 雷雪原. "中等投入陷阱"的人口城市化视角［N］. 人民日报，2011-5-5（007）.

[59] 曾振，周剑峰，肖时禹. 产城融合背景下传统工业园区的转型与重构［J］. 规划师，2013（12）：46-50.

[60] KOGEL-SMUCKER S. Zoning Out：State enterprise zones' impact on sprawl，job creation，and environment［J］. Boston College Environmental Affairs Law Review，2008，35（1）：111-140.

[61] MARTINEZ J，LLAMAS J F，DE MINGEL E，et al. Soil contamination from urban and industrial activity：Example of the mining district of Linares（southern Spain）［J］. Environmental Geology，2008，54（4）：669-677.

[62] 胡滨，邱建，曾九利，等. 产城一体单元规划方法及其应用——以四川省成都天府新区为例［J］. 城市规划，2013（8）：79-83.

[63] 谢呈阳，胡汉辉，周海波. 新型城镇化背景下"产城融合"的内在机理与作用路径［J］. 财经研究，2016，42（1）：72-82.

[64] 刘欣英. 产城融合的影响因素及作用机制［J］. 经济问题，2016（8）：26-29.

[65] 阳镇，许英杰. 产城融合视角下国家级经济技术开发区转型研究——基于增城国家级经济技术开发区的调查［J］. 湖北社会科学，2017（4）：79-87.

[66] 刘荣增，王淑华. 城市新区的产城融合［J］. 城市问题，2013（6）：18-22.

[67] 贺传皎，王旭，邹兵. 由"产城互促"到"产城融合"［J］. 城市规划学刊，2012（5）：30-36.

[68] 唐永伟，彭宏业，陈怀录. "产城融合"理念下西北河谷型城市郊区工业园规划模式研究［J］. 现代城市研究，2015（7）：9-14.

[69] SCHMIDT C W. Sprawl：The new manifest destiny？［J］. Environmental Health Perspectives，2004，112（11）.

[70] 宋朝丽. 人本导向的雄安新区产城融合设计［J］. 西安财经学院学报，2019，32（3）：38-44.

[71] 李文彬，顾姝，马晓明. 产业主导型地区深度产城融合的演化方向探讨——以上海国际汽车城为例［J］. 城市规划学刊，2017（S2）：

57—62.

[72] 黄建中, 黄亮, 周有军. 价值链空间关联视角下的产城融合规划研究——以西宁市南川片区整合规划为例 [J]. 城市规划, 2017, 41 (10): 9—16.

[73] 黄亮, 王振, 陈钟宇. 产业区的产城融合发展模式与推进战略研究——以上海虹桥商务区为例 [J]. 上海经济研究, 2016 (8): 103—101, 129.

[74] 赵虎, 张悦, 尚铭宇, 等. 体现产城融合导向的高新区空间规划对策体系研究——以枣庄高新区东区为例 [J]. 城市发展研究, 2022, 29 (6): 15—21.

[75] 吕小勇, 王鹭, 刘玮, 等. 产城融合理念下空港新城公共服务设施规划探讨 [J]. 规划师, 2022, 38 (6): 125—130.

[76] 王凯, 袁中金, 王子强. 工业园区产城融合的空间形态演化过程研究——以苏州工业园区为例 [J]. 现代城市研究, 2016 (12): 84—91.

[77] 陈佶玲, 彭兴莲, 毛小明. 进化博弈视角下的产业承接地工业园区产城融合路径选择研究 [J]. 江西师范大学学报 (哲学社会科学版), 2017, 50 (3): 69—75.

[78] 张光进, 赵源. 产城融合亟需加大公共服务的有效供给 [J]. 人民论坛, 2017 (8): 72—73.

[79] 刘宝香. 产城融合视角下我国城市低成本住房制度研究——基于农业转移人口家庭化迁移消费效应作用渠道的分析 [J]. 经济问题探索, 2016 (4): 72—78.

[80] 彭兴莲, 陈佶玲. 产城融合互动机理研究——以苏州工业园区为例 [J]. 企业经济, 2017, 36 (1): 181—186.

[81] 林章悦, 王云龙. 新常态下金融支持产城融合问题研究——以天津市为例 [J]. 管理世界, 2015 (8): 178—179.

[82] 张艳. 我国国家级开发区的实践及转型——政策视角的研究 [D]. 上海: 同济大学建筑与城市规划学院, 2008.

[83] 左学金. 我国现行土地制度与产城融合: 问题与未来政策探讨 [J]. 上海交通大学学报 (哲学社会科学版), 2014, 22 (4): 5—9.

[84] 周干峙. 适应城市交通综合多样性新发展——电动自行车将是未来中近距离交通的一大需求、一大趋势和一大市场 [J]. 城市规划, 2010, 34 (6): 18—19.

[85] 埃比尼泽·霍华德. 明日的田园城市［M］. 金经元，译. 北京：商务印书馆，2010.

[86] CERVERO R. Jobs-housing balance as public policy［J］. Urban land，1991（10）：4-10.

[87] PENG Z. The jobs-housing balance and urban commuting［J］. Urban Studies，1997，34：1215-1235.

[88] LEVINGSTON B. Using jobs housing balance indicators for air pollution control［R］. Institute of Transportation Studies，University of California，Berkeley，1989.

[89] DEAKIN E. Land use and transportation planning in response to congestion problems：A review and critique［J］. Transportation Research Record，1989，1237：77-86.

[90] EWING R，PENDALL R，DON C. Measuring sprawl and its impact［R］. Washington D. C.：Smart Growth America，2004：23.

[91] 郑思齐，徐杨菲，张晓楠，等. "职住平衡指数"的构建与空间差异性研究：以北京市为例［J］. 清华大学学报（自然科学版），2015（4）：475-483.

[92] 周滔，余倩. 居民个体属性对职住关系的影响——以重庆市为例［J］. 城市问题，2018（1）：89-94.

[93] LI S，LIU Y. The jobs-housing relationship and commuting in Guangzhou，China：House and dual structure［J］. Journal of Transport Geography，2016（54）：286-294.

[94] HORNER W. How does ignoring worker class affect measuring the jobs-housing balance? Exploratory spatial data analysis［J］. Journal of the Transportation Research Board，2010（63）：57-64.

[95] 郑国. 开发区职住分离问题及解决措施——以北京经济技术开发区为例［J］. 城市问题，2007，140（3）：12-15.

[96] 刘志林，张艳，柴彦威. 中国大城市职住分离现象及其特征——以北京市为例［J］. 城市发展研究，2009，16（9）：110-117.

[97] WACHS M，TAYLOR B D. The changing commute：A case study of the jobs-housing relationship over time［J］. Urban Studies，1993（30）：1711-1729.

[98] 许炎，张敏，夏胜国. 开发区转型过程中细分人群职住分离特征研

究——以苏州工业园区中新合作区一区为例 [J]. 现代城市研究，2015（7）：20-27.

[99] 柴彦威，张艳，刘志林. 职住分离的空间差异性及其影响因素研究 [J]. 地理学报，2011，66（2）：157-166.

[100] 吴瑞君，朱宝树. 大城市空间转型视角的职住分离 [J]. 探索与争鸣，2018（4）：116-123.

[101] 张济婷，周素红. 转型期广州市居民职住模式的群体差异及其影响因素 [J]. 地理研究，2018，37（3）：564-576.

[102] SUN B，HE Z，ZHANG T，et al. Urban spatial structure and commute duration：An empirical study of China [J]. International Journal of Sustainable Transportation，2016，10（7）：638-644.

[103] CERVERO R. Jobs-housing balance revisited [J]. Journal of the American Planning Association，1996，62：492-511.

[104] CERVERO R. The planned city：Coping with decentralization-An American perspective [C]. Presentation at the Workshop on the Planned city International Conference，1998.

[105] WEITZ J. Jobs-housing balance [J]. American Planning Association，2007（4）：39.

[106] CERVERO R. Jobs-housing balancing and regional mobility [J]. Journal of the American Planning Association，1989，55（2）：136-150.

[107] 张琳，王亚辉. 微观企业视角下工业用地产出效率的影响因素研究 [J]. 华东经济管理，2014，28（9）：43-38.

[108] CICCONE A，Robert E H. Productivity and the density of economic activity [J]. The American Economic Review，1996，86（1）：54-70.

[109] 王希睿，许实，吴群，等. 江苏省建设用地利用效率和全要素生产率的时空差异分析 [J]. 中国土地科学，2015，29（5）：77-83.

[110] 龙开胜，陈利根，占小林. 不同利用类型土地投入产出效率的比较分析 [J]. 中国人口·资源与环境，2008，18（5）：174-178.

[111] 舒帮荣，刘友兆，王家富，等. 欠发达地区经济开发区工业用地低效利用问题初探 [J]. 开发研究，2009（2）：80-83.

[112] 王成新，刘洪颜，史佳璐，等. 山东省省级以上开发区土地集约利用评

价研究 [J]. 中国人口·资源与环境, 2014, 24 (6): 128-135.

[113] 陈伟, 彭建超, 吴群. 城市工业用地利用损失与效率测度 [J]. 中国人口·资源与环境, 2015, 25 (1): 15-22.

[114] ERIK L, VAN DER KRABBEN E, VAN AMSTERDAM H. The spatial productivity of industrial land [J]. Regional Studies, 2012, 46 (1): 137-148.

[115] 冯长春, 刘思君, 李荣威. 我国地级及以上城市工业用地效率评价 [J]. 现代城市研究, 2014 (4): 45-49.

[116] 谢花林, 王伟, 姚冠荣, 等. 中国主要经济区城市工业用地效率的时空差异和收敛性分析 [J]. 地理学报, 2015, 70 (8): 1327-1338.

[117] 张兰, 汪应宏, 徐春鹏, 等. 财政分权、地方政府竞争与工业用地利用效率——基于广东省地级市层面的实证研究 [J]. 现代城市研究, 2017 (3): 103-101.

[118] 饶映雪, 戴德艺. 工业用地供给对工业经济增长的影响研究 [J]. 管理世界, 2016 (2): 172-173.

[119] 张琳, 王亚辉, 李影. 全要素生产率视角下的城市工业用地生产效率研究 [J]. 大连理工大学学报（社会科学版）, 2015, 36 (1): 57-62.

[120] TU F, YU X, RUAN J. Industrial land use efficiency under government intervention: Evidence from Hangzhou, China [J]. Habitat International. 2014, 43 (7): 1-10.

[121] 赵爱栋, 马贤磊, 曲福田. 市场化改革能提高中国工业用地利用效率吗? [J]. 中国人口·资源与环境, 2016, 26 (3): 118-126.

[122] DU J. Urban land market and land-use changes in post-reform China: A case study of Beijing [J]. Landscape and Urban Planning, 2014 (124): 118-128.

[123] GAO B, LI W. State land policy, land markets and geographies of manufacturing: The case of Beijing, China [J]. Land Use Policy, 2014 (36): 1-12.

[124] 郭贯成, 温其玉. 环境约束下工业用地生产效率研究 [J]. 中国人口·资源与环境, 2014, 24 (6): 121-126.

[125] 陈逸, 黄贤金, 陈志刚, 等. 城市化进程中的开发区土地集约利用研究 [J]. 中国土地科学, 2008, 22 (6): 11-16.

[126] 罗能生, 彭郁. 中国城市工业用地利用效率时空差异及地方政府竞争影

响 [J]. 中国土地科学, 2016, 30 (5)：62-71.

[127] 孟媛, 张凤荣, 赵婷婷, 等. 北京市顺义区制造业用地集约度评价及影响因素分析 [J]. 中国土地科学, 2011, 25 (2)：11-17.

[128] 林坚, 张沛, 刘诗毅, 等. 基于生产函数的工业用地级差收益研究 [J]. 城市发展研究, 2010, 17 (6)：80-85.

[129] SOLOW R M. Technical change and the aggregate production function [J]. The Review of Economics and Statistics, 1957, 39 (3)：312-320.

[130] KENDRICK J W, SATO R. Factor prices, productivity, and economic growth [J]. The American Economic Review, 1963, 53 (5)：974-1003.

[131] 周方. 科技进步与"增长函数"[J]. 数量经济技术经济研究, 1999 (10)：32-50.

[132] 谭崇台. 发展经济学 [M]. 太原：山西经济出版社, 2001.

[133] 林荣茂, 刘学敏. 中国工业用地利用的数理分析与实证研究 [J]. 财经研究, 2008, 34 (7)：51-62.

[134] 杨杨, 吴次芳, 韦仕川, 等. 土地资源对中国经济的"增长阻尼"研究——基于改进的二级 CES 生产函数 [J]. 中国土地科学, 2010, 24 (5)：19-25.

[135] 王克强, 熊振兴, 高魏. 工业用地使用权交易方式与开发区企业土地要素产出弹性研究 [J]. 中国土地科学, 2013, 27 (8)：4-9.

[136] 李谷成. 资本深化、人地比例与中国农业生产率增长——一个生产函数分析框架 [J]. 中国农村经济, 2015 (1)：14-31.

[137] CICCONE A, HALL R E. Productivity and the density of economic activity [J]. The American Economic Review, 1996, 86 (1)：54-71.

[138] 黄大全, 洪丽璇, 梁进社. 福建省工业用地效率分析与集约利用评价 [J]. 地理学报, 2009, 64 (4)：479-486.

[139] 郭贯成, 熊强. 城市工业用地效率区域差异及影响因素研究 [J]. 中国土地科学, 2014, 28 (4)：45-52.

[140] 毕宝德. 土地经济学 [M]. 6 版. 北京：中国人民大学出版社, 2011.

[141] 李子奈, 叶阿忠. 高级应用计量经济学 [M]. 北京：清华大学出版社, 2012.

后　记

　　关于工业园产城融合的研究，我们断断续续进行了 8 年之久，书稿即将付梓，标志着这项工作终于接近尾声，不禁感慨万千。

　　感谢中国博士后科学基金和教育部人文社科规划基金的资助，经费支持是各项工作开展的基础，这个基础显著增强了我在学术道路上探索的信心。

　　感谢课题组成员的有力支持和辛勤工作，本书是周舟、马胜、刘伟、张涛、宋罡等课题组成员与我共同努力取得的成果。他们在研究设计、大纲讨论、数据采集处理、研究过程讨论、财务辅助、书稿撰写等工作中做出了不可或缺的贡献。

　　感谢在研究工作中给予数据和资料支持的领导、伙伴和学生。在调研成都经济技术开发区，通过面访进行问卷调查的任务中，得到了成都市龙泉驿区罗平博士的热情帮助；在各项数据收集过程中，也有合作伙伴和学生的有力贡献。刘璐瑶、李文、王雪纯、李兴桂、莫紫旋、王哲坤、吴祥云同学在产城融合评价数据采集中发挥了十分重要的作用，并撰写了第 3 章部分内容。数据和资料之于研究工作，就如原材料之于工业制造，其重要性不可替代，在此向帮助我取得研究数据和资料的领导、伙伴和学生表示衷心感谢！

　　感谢让我在经济理论和研究方法中获得教益的师长们，他们主要包括四川大学蒋永穆教授，西南财经大学白云升教授、刘忠教授，山东大学陈强教授，四川师范大学祁晓玲教授等。围绕课题研究和学术探索，我多次向各位师长请教，受益匪浅。同时也要感谢其他给予我启发的不同学科专家，有幸在成都拥有一些志趣相投的学术同道伙伴，在和他们的交流中，我常常获得灵感。

　　感谢单位领导为我的研究工作创造了宝贵的条件。李焰书记、李行书记对我时时鼓励，增添了我深入研究课题的动力；学院还为我的研究工作提供了过硬的办公条件。当外出调研、开会等事项和日常工作相冲突时，学院也优先为

后　记

学术工作协调，为我研究课题提供了时间条件。

感谢我的父母、岳父母和我的妻子，在我的人生道路上，你们的爱与支持为我提供了可以安心工作的宝贵时间。最后，我想对可爱的小女儿说：对不起！为了工作，爸爸对你的陪伴太少了。